AF485548

Adonais

P. B. Shelley

♦

John Keats

Adonais

Selección, prólogo y notas
E. Ehrendost

Editorial Alastor

Shelley, Percy Bysshe / Keats, John
    Adonais y otros poemas
    1ª ed. - Buenos Aires: Editorial Alastor, 2020
    192 p.; 19,84 x 12,85 cm.

    ISBN 978-987-26668-2-8

    1. Poesía inglesa   I. Shelley, P. B.   II. Keats, John   III. Título
    CDD 821

Traducciones: E. Ehrendost
Diseño: E. M. B.

Ilustración de cubierta:
    El bosque sagrado
    de Arnold Böcklin (1827-1901)

PRÓLOGO

On a tant besoin de beauté
aux côtés de la mort.

Maurice Maeterlinck. *Pelléas et Mélisande.*

[«Se tiene tanta necesidad de belleza
en las cercanías de la muerte.»]

No bien uno se introduce en el recogido ambiente de silencio y de sombras de cipreses que el Cementerio No Católico de Roma ofrece al visitante, sus ojos se topan con varias placas talladas en piedra que indican las direcciones hacia los diversos sepulcros ilustres que ennoblecen el lugar. Una de ellas conduce cuesta arriba, donde, a los pies de un viejo torreón, una amplia losa de mármol marca el lugar de descanso de Percy Bysshe Shelley. Otra apunta a la izquierda, a un sector aparte del cementerio, en el cual, frente a la gran pirámide erigida a la muerte de Cayo Cestio en el año 12 a.C., se eleva, junto a la de su amigo Joseph Severn, la lápida sin nombre de John Keats. Así, en ese sombrío reducto de gélido silencio abierto en medio de la milenaria ciudad de Roma, yacen dos de las más importantes voces líricas que Inglaterra diera al mundo. Pero no es el singular escenario de reposo eterno lo único que emparenta a estos dos poetas románticos cruzados tanto por el arte como por la muerte.

Percy Bysshe Shelley nació en Field Place, Sussex, el 4 de agosto de 1792, cuatro años después que Lord Byron y tres antes que John Keats, quien vio la luz el 31 de octubre de 1795 en Finsbury, Londres. Ambos fueron primogénitos: a Percy le siguieron cuatro hermanas y un hermano; a John, tres: George, Thomas y Fanny, quienes pronto quedarían huérfanos tras las muertes de su padre en 1804 y de su madre seis años más tarde, esta última por tuberculosis, la enfermedad que perseguiría como una sombra a la familia.

Por entonces, Percy incursionaba ya en las letras a través de las novelas góticas *Zastrozzi* y *St. Irvyne* y empezaba a estudiar en Oxford, institución de la que sería expulsado apenas un año más tarde a raíz de la circulación de uno de sus escritos de juventud, un panfleto en defensa del ateísmo. Keats, por su parte, comenzaba a estudiar medicina instado por sus tutores y trabajaba como aprendiz de boticario, si bien ya descubría en sí cierta afición por la poesía y por los autores clásicos. Entre tanto, Lord Byron publicaba los dos primeros cantos de su *Childe Harold's Pilgrimage* y daba así inicio a la segunda corriente del Romanticismo inglés, que seguía a la de William Wordsworth y Samuel Taylor Coleridge. Tras la expulsión de Oxford, y con sólo diecinueve años de edad, Percy contrae matrimonio con Harriet Westbrook, de quince, con quien inicia una vida de nomadismo que ya nunca habría de abandonar. Partiendo de Edimburgo, y acompañados por Elizabeth, hermana de Harriet, pasarían los siguientes años recorriendo Escocia, Gales, Irlanda e Inglaterra, al tiempo en que Percy empezaba a mantener correspondencia con el pensador ateo y feminista William Godwin, padre de una joven llamada Mary.

En 1813, Percy tiene su primera hija, Ianthe, y publica su primer poema mayor, *Queen Mab*. Pero no es mucho lo que tarda en dejarse llevar por el carácter pasional que palpitaría en toda su futura producción poética: al poco tiempo de conocer a la hija de William Godwin, decide seguir sus viajes con ella y abandonar a su esposa. Así es que, en 1814, y mientras Harriet estaba embarazada de su segundo hijo, llamado Charles, Percy viaja al continente europeo acompañado no ya por las hermanas Harriet y Elizabeth, sino por las hermanastras Mary Wollstonecraft Godwin y Claire Clairmont.

Poco después llega su turno de hacer frente a la tragedia de la muerte: Mary da a luz una hija prematura que fallece al mes. Se inicia de ese modo para el autor, ya de vuelta en Inglaterra, un período de depresión que marcaría con fuerza algunos de sus primeros poemas líricos, como ser *Sobre la Muerte* y *Líneas*. Entre tanto, John se dedica a vendar heridos en el Guy's Hospital de Londres, al tiempo en que inicia su enorme producción de sonetos.

El año 1816 marcaría un punto de inflexión para ambos poetas. Shelley, a quien Mary daba en enero su cuarto hijo, William, empieza publicando *Alastor or The Spirit of Solitude*, poema mayor que muestra ya más solidez que su *Queen Mab*. Nuevamente en suelo continental, se dirige con Mary y Claire a Suiza, donde se reúnen con Lord Byron en Villa Diodati, junto al lago Lemán. Escribe en aquellos escenarios el oscuro *Himno a la Belleza Intelectual*, acaso su primera obra maestra y el más arrebatado y sentido manifiesto de sus credos estético y religioso. De aquella cumbre entre los dos poetas amigos surge el célebre concurso de relatos de horror que da lugar al *Frankenstein* de Mary y a *El vampiro* de John Polidori, médico de Byron a la sazón. Lejos de allí, en Londres, Harriet se suicida arrojándose a las aguas del Serpentine: así como la tuberculosis para los Keats, el agua sería una imagen recurrente para los Shelley. A fin de obtener la custodia de sus dos primeros hijos, Percy se casa con Mary, pero la tenencia le es negada. Keats, por su parte, conoce ese año a Leigh Hunt, poeta y editor que le publica uno de sus sonetos en *The Examiner*, su semanario, y de quien no tardaría en hacerse amigo. Es quizás motivado por ello que John, apenas recibirse, decide abandonar la medicina y dedicarse de lleno a las letras. Produce entonces, entre otras obras de menor interés, *Sleep and Poetry*, su primer poema de cierta importancia.

El 1817 les concedería a los Shelley un breve momento de reposo. Establecidos por un tiempo ambos en Marlow, al oeste de Londres, no fue mucho lo que tardó el poeta en introducirse en el círculo de Leigh Hunt. Fue así que tuvo oportunidad de conocerse en persona con Keats, quien se aprestaba a editar sus obras primerizas bajo el título de *Poems*. A pesar de los consejos de Shelley de aplazar la publicación, el volumen vio la luz en marzo. Se trató del primer fracaso de Keats, tanto por la hecatombe financiera que supuso para él como por la crueldad con la que lo recibió la crítica, especialmente en el caso de la *Blackwood's Magazine*. Con todo, a pesar de su extrema inmadurez, el libro contenía una temprana promesa de talento en «De puntillas me elevé». Tras el revés, John abandona Londres y se muda a Hampstead con sus hermanos, donde brinda cuidados a Thomas, ya enfermo de tuberculosis. Concibe por entonces la idea de que, para alcanzar la inmortalidad, necesita producir un poema mayor, de grandes proporciones y de temática helenista, por lo que comienza a escribir su *Endimión*. Percy, por su parte, se inclina también ese mismo año por una obra larga y compone *Laon and Cythna*. En el mes de septiembre nace su quinta hija, Clara Everina, que se sumaba así a

Allegra, la hija que unos meses antes habían tenido Claire Clairmont y Lord Byron, quien recientemente había terminado su fáustico drama *Manfred*.

Al año siguiente, y otra vez en contra de las opiniones de Shelley y Hunt, Keats publica su *Endimión* a través de los editores Taylor & Hessey. Pero en esta ocasión la crítica iba a resultarle mucho más adversa y virulenta. Tanto la *Blackwood's Magazine* como la *Quarterly Review* destrozaron la obra por completo, al tiempo en que su hermano Tom fallecía de tuberculosis y él empezaba a manifestar los primeros síntomas de la enfermedad. Por su parte, Shelley, que seguía teniendo problemas para publicar obras a raíz de su ateísmo, accede a introducir algunas modificaciones al texto de *Laon and Cythna*, que finalmente ve la luz bajo el nombre de *The Revolt of Islam*. Abandona entonces Inglaterra en el que resultaría su adiós definitivo. Mientras atraviesa París, los Alpes y un sinfín de ciudades italianas junto a Mary y Claire, comienza a escribir, acaso influenciado por Keats, el primer acto de un drama de temática también helenista: el *Prometeo desencadenado*. Durante el viaje muere Clara Everina pero nace Elena Adelaida, cuya paternidad se mantiene oculta pero muchos suponen hija de Percy y Claire. Mientras tanto, John Keats viaja también pero por los lagos de Escocia, tras lo cual retorna a Hampstead y se instala en la casa de su amigo Charles Brown, quien lo había acompañado en el viaje. Una vez allí, escribe el poema medievalista *Isabella or the Pot of Basil* y, siguiendo la línea de su anterior epopeya helénica, emprende el *Hiperión*, una obra que, en la melancólica figura del caído Saturno y en el concilio de los dioses derrotados, muestra marcadas influencias de los dos primeros libros de *El paraíso perdido*, de John Milton. Comienza también a tratar regularmente con una joven vecina llamada Fanny Brawne, de la que pronto se enamora.

Durante 1819, los Shelley siguen con su vida nómade entre las ciudades de Livorno, Roma y Florencia, donde Percy traduce *El mágico prodigioso* de Calderón, escribe la tragedia *The Cenci* y continúa con su *Prometeo* hasta que le llegan noticias de la masacre de Peterloo. Esto deriva en una violenta inclinación hacia la poesía política por lo que resta del año, lo que da lugar a obras como *The Masque of Anarchy* o los latidos revolucionarios que muchos encuentran en su *Oda al Viento Oeste*. En esos mismos meses muere William y nace su séptimo hijo, llamado Percy Florence. Entre tanto, Keats, golpeado por las incesantes críticas contra *Endimión*, abandona la escritura de su *Hiperión*, que sin embargo unos meses más tarde retomaría de manera reformulada con *La caída de Hiperión*, obra que finalmente también quedaría inconclusa. No obstante, al inclinarse por otra clase de poesía, produce a lo largo del año lo mejor de su obra: la balada *La Belle Dame sans Merci*, la helenista *Lamia*, en la que H. P. Lovecraft supo ver destellos de horror sobrenatural, la medievalista *The Eve of St. Agnes* y sus cinco célebres odas, de trascendental aliento, dedicadas a Psique, a una urna griega, a la melancolía, al otoño y a un ruiseñor. Su rica producción de ese año contrasta con (o acaso se explica por) su precaria situación tanto económica como de salud, que le resulta un impedimento en sus deseos de proponer matrimonio a Fanny.

En 1820, los Shelley parecen sentar cabeza en Pisa, aunque con breves escapadas a la cercana Livorno. Allí, Percy escribe algunas de sus poesías líricas más celebradas, como *La nube*, *A una alondra* y *The Sensitive Plant*. También se entera del fallecimiento de la misteriosa Elena Adelaida, a la que había dado en adopción, así como de la complicada salud de Keats, a quien escribe invitando a unírsele en Pisa. John, que ya sufría las primeras hemorragias, declina el ofrecimiento y se apronta, en cambio, para viajar a Roma junto al pintor Joseph Severn. Lleva antes los manuscritos de sus últimas obras a sus editores Taylor & Hessey, quienes acceden a publicarlas bajo el título de *Lamia, Isabella, The Eve of St. Agnes and other poems*, volumen en el que también aparecía, inconcluso, el primer *Hiperión*. Por primera vez en su vida, y gracias sobre todo a sus cinco odas, Keats se encontraría con cierta aprobación de la crítica de su época. En noviembre se instala por fin en Roma, y pocas semanas después escribe su última carta a Fanny.

El cambio de clima se había dado demasiado tarde para John, que el día 23 de febrero de 1821, con apenas 25 años de edad, dejaba de respirar. Naturalmente, la noticia no tardó en llegar a Shelley, y para el 8 de junio terminaba de escribir una de sus obras maestras, *Adonais*, elegía pastoral que, inspirada en el *Lycidas* de Milton, el *Lamento por Adonis* de Bión de Esmirna y el *Epitafio de Bión* de Mosco de Siracusa, lloraba la muerte de su poeta amigo. Aún en Pisa junto a Mary, quien acababa de perder otro embarazo, Shelley, que, fiel a su concepción del amor libre, había escrito varias obras inspirado por otros intereses amorosos (como ser Sophia Stacey, a quien había dedicado *La filosofía del amor*), alcanza su cumbre en ese ámbito con *Epipsychidion*, obra dedicada a la condesa Emilia Viviani, hija del gobernador de Pisa que había sido encerrada en un convento. Ese mismo año, los Shelley y su ahora vecino Lord Byron conocen a otra pareja que se instala en Pisa: el oficial Edward Ellerker Williams y su esposa Jane, por quien Percy también escribiría varias obras. El grupo manda entonces a construir dos embarcaciones: una para Byron, que sería bautizada *Bolívar* en honor al libertador americano, y otra para Percy y Edward, que sería bautizada *Ariel* por el personaje de *La tempestad* de Shakespeare. Entre tanto, y mientras Byron terminaba su drama luciferino *Caín*, Shelley redacta su mayor panegírico poético en el ensayo *A Defence of Poetry*.

Al año siguiente, Shelley se aboca a la escritura de una danza macabra titulada *The Triumph of Life* mientras hace planes con Byron y Leigh Hunt para comenzar a editar, entre los tres, un periódico de tendencia liberal. En abril reciben noticias de la muerte de Allegra Byron, la hija de Claire, pero el grupo no se rompería sino hasta el 8 de julio de 1822, cuando el *Ariel* naufraga en la bahía de Lerici con Percy, que estaba cerca de los 30 años, y Edward a bordo. Byron y Mary se trasladan de inmediato a la zona donde son recuperados los dos cadáveres. En el de Percy encuentran un detalle para nada menor: en su bolsillo aún tenía una copia del *Hiperión* de Keats. Según había sido el expreso deseo del poeta, llevan sus restos hasta Roma y les dan sepultura en el Cementerio No Católico, no muy lejos de donde se hallaban los de aquel otro genio que Percy fue de los pocos que supieron apreciar en su propio tiempo.

Dos años más tarde moriría Lord Byron a la edad de 36, también fuera de Inglaterra, como para completar el ciclo romántico. En 1826 sería el turno de Charles, el segundo hijo de Percy con Harriet, de modo que sus únicos hijos que llegarían a edad adulta serían Ianthe y Percy Florence. En cuanto a Mary, alcanzaría aún los 53 años de edad y podría de ese modo, además de desarrollar una carrera literaria propia, poner orden a los papeles de su marido y dar a conocer la totalidad de su obra, que abarcaba menos de diez años de escritura, así como la de Keats había sido apenas de cinco.

Las obras de Shelley y Keats, que por el ateísmo militante de uno y la sensibilidad en aquel momento incomprendida del otro tuvieron un reconocimiento igualmente tardío, son profundamente complementarias entre sí. La del primero es un exaltado grito de rebelión contra su propio tiempo; la del segundo, un retorno estético a la belleza de un pasado olvidado. Shelley intenta derribar a Dios; Keats nos propone el culto a las amables figuras del paganismo. Uno pone al hombre en el centro de su credo; el otro, a la belleza. Uno cuestiona, demuele y destruye; el otro nos sugiere qué crear a continuación. Naturalmente, estas diferencias, que se explican fácilmente por las discrepancias en los temperamentos de ambos autores, uno contemplativo y el otro incapaz de mantenerse demasiado tiempo en un mismo sitio, tienen en el fondo idéntico punto de origen: el descontento con el mundo en que vivían. Acaso el Romanticismo no haya sido una reacción contra lo clásico, como siempre se ha dicho, sino, por el contrario, el grito de dolorida rebelión que el hombre clásico lanzaba en medio de un decadente e innoble mundo moderno que ya no reconocía como propio. Shelley, sobre todo al comienzo de su producción, se enfocó en combatir ese mundo (rechazando a Dios, criticando a los políticos de la época, preconizando el amor libre); Keats, en cambio, prefirió viajar a otros (tanto al helénico como al medieval, camino este último en el que sería fuente de inspiración para los prerrafaelistas). En lo que ambos confluyeron fue en el culto a la naturaleza y la belleza: Shelley desde una aproximación intelectual, Keats desde una aproximación estética; uno deificando la Belleza Intelectual del hombre, el otro otorgando a la belleza el rango mismo de verdad absoluta. En suma, ambos se rebelaron a su manera contra el mundo en que habitaban: el hermano de la diurna alondra pidiendo al viento que esparciera las chispas de sus encendidas palabras entre los pueblos; el hermano del nocturno ruiseñor extrayendo de una urna la conclusión de que lo único verdadero era lo bello.

Y quizás fue por todo eso que el más maduro de los dos poetas mostró tan gran aprecio por la producción del otro. Había advertido, en esas obras arcaizantes, que no estaba del todo solo en su desprecio por el tiempo en que le había tocado vivir. No es difícil, así pues, deducir por qué responsabilizó de inmediato a una institución de la época, la crítica literaria, por la intempestiva muerte de su joven colega. Su respuesta fue la escritura, como despedida, canto fúnebre pero también como ataque justiciero, del monumental *Adonais*, un poema que hermana para siempre a ambos autores en la misma lucha; y un poema que, trascendiendo el cementerio romano en el que ambos descansan, los une para siempre en una misma eternidad.

E. Ehrendost

P. B. Shelley

Estrofas (Abril de 1814)

¡Vete!, el páramo se encuentra oscuro bajo la luna:
    veloces nubes han ocultado el último pálido destello de la tarde;
¡vete!, los vientos que se congregan llamarán pronto a las tinieblas
    y una noche más profunda amortajará las serenas luces del cielo.

¡No vaciles!, ¡ya es tarde!, todas las voces gritan: «¡Vete!».
    No tientes con una última mirada el desapacible humor de tu amiga:
los ojos de la amada, vidriosos y fríos, no se atreven a rogar tu permanencia;
    el deber y el abandono te conducen nuevamente hacia la soledad.

¡Vete, vete!, regresa a tu triste y silencioso hogar,
    vierte amargas lágrimas sobre su desolado fuego,
observa las lúgubres sombras mientras como espectros vienen y van
    y entreteje allí extrañas redes de melancólico regocijo.

Las hojas de marchitos bosques otoñales flotarán alrededor de tu cabeza,
    las flores de la primavera pródiga en rocío bajo tus pies brillarán,
pero tu alma o este mundo deberán desvanecerse en el hielo que cubre
                                           [a los muertos
    antes del ceño de la noche y la sonrisa de la mañana, antes del encuentro
                                           [entre tú y la paz.

Las brumosas sombras de la medianoche poseen su propio reposo
    pues los cansados vientos están en silencio o la luna está en lo profundo;
algunos respiros para su turbulencia el intranquilo océano conoce;
    todo lo que se mueve, trabaja o se aflige tiene su descanso señalado.

Tú en la tumba descansarás; sin embargo, hasta que huyan los fantasmas
    que la casa, el brezal y el jardín han vuelto caros para ti desde entonces,
tu recuerdo, tu arrepentimiento y tus profundas meditaciones no estarán libres
    de la música de dos voces y la luz de una dulce sonrisa.

Mutabilidad

Somos como nubes que velan la luna de medianoche:
   ¡cuán incansablemente se apresuran, brillan y tiemblan
rasgando la oscuridad con resplandores!, pero en seguida
   la noche se cierra a su alrededor y se pierden para siempre;

o como arrumbadas liras cuyas cuerdas disonantes
   dan una respuesta distinta a cada nuevo tañido
y en cuya frágil armazón ningún segundo movimiento
   produce un tono o modulación semejante al anterior.

Descansamos: un sueño tiene poder para envenenar el reposo;
   despertamos: un pensamiento errante contamina el día.
Ya sintamos, imaginemos o razonemos, ya riamos o lloremos,
   ya abracemos una aflicción o desechemos nuestras inquietudes,

¡es lo mismo! Pues, ya nos envuelva la alegría o la tristeza,
   el camino del cambio siempre se halla libre;
puede que el ayer del hombre nunca sea como su mañana;
   puede que nada perdure salvo la Mutabilidad.

Un cementerio en un anochecer de verano

El viento ha barrido de la amplia atmósfera
   cada vapor que oscurecía los rayos de la puesta del sol
y el pálido anochecer entrelaza ya sus brillantes cabellos
   en trenzas más oscuras alrededor de los lánguidos ojos del día;
el silencio y el ocaso, no amados por los hombres,
se arrastran juntos desde aquella cañada en tinieblas.

Susurran sus hechizos contra el día que se va,
   abarcando tierra, aire, estrellas y mar;
la luz, el sonido y el movimiento son alcanzados por el influjo
   y responden al sortilegio con su propio misterio.
Los vientos están calmos, o el seco pasto de la torre de la iglesia
no reconoce sus suaves movimientos mientras pasan.

Tú también, etérea edificación, cuyos pináculos
   se elevan desde un lugar sagrado como pirámides de fuego,
obedeces en silencio sus dulces y solemnes hechizos
   y arropas en los matices del cielo tu oscura y distante aguja,
alrededor de cuya delgada e invisible altura
se congregan, entre las estrellas, las nubes de la noche.

Los muertos están durmiendo en sus sepulcros,
   y, mientras duermen consumiéndose, un espeluznante sonido,
mitad sensación, mitad pensamiento, en medio de la oscuridad surge,
   susurrado desde sus agusanados lechos hacia todo lo vivo alrededor;
mezclándose con la quieta noche y el mudo cielo,
su temible chistar se siente de forma inaudible.

Así solemnizada y ablandada, la muerte es apacible
   y carente de horrores, como esta serena noche;
aquí puedo al fin creer, como un curioso niño que se recrea
   entre tumbas, que la muerte ha escondido de la vista humana
dulces secretos, o que junto a su reposo sin respiración
mantienen perpetua vigilia los más hermosos sueños.

Sobre la Muerte

Semejante a la fría y mortecina sonrisa lunar
   que, en una noche sin estrellas, la estela de un meteoro
derrama sobre una solitaria isla en medio del mar
   antes del irrumpir de la clara luz del amanecer
es esa débil e inconstante llama de vida que revolotea
en torno a nuestros pasos hasta perder toda su fuerza.

¡Ah, humano!, mantén el valor de tu alma
   a través de las tempestuosas sombras de tu senda terrena,
y las asfixiantes brumas que a tu alrededor se cierran
   se disiparán en la luz de un día maravilloso
en el cual el Cielo y el Infierno te dejarán libre
para alcanzar el universo del Destino.

Este mundo es el origen de todo cuanto conocemos,
   este mundo es la madre de todo cuanto sentimos,
y la idea de la Muerte representa un espantoso golpe
   para cualquier cerebro desprovisto de nervios de acero,
cuando todo lo que sabemos, sentimos o vemos
quedará atrás como un irreal misterio.

Las cosas secretas de la tumba están allí,
   a donde salvo este cuerpo de seguro todo irá,
aunque el agudo ojo y el fino oído
   ya no estarán vivos para ver u oír
todo lo que es grande y todo lo que es extraño
en el ilimitado reino del cambio sin fin.

¿Quién narra cuentos de la Muerte que no habla?
   ¿Quién levanta el velo de lo que vendrá?
¿Quién pinta las sombras que están debajo
   de las envolventes cavernas de la poblada tumba
o une las esperanzas de lo que será
con sus miedos y el amor por las cosas que vemos acá?

Líneas

I

La fría tierra se durmió debajo,
arriba el frío cielo brilló,
y por todo alrededor, con un escalofriante sonido,
desde cuevas de hielo y campos de nieve
el aliento de la noche como la muerte fluyó
bajo una luna descendente.

II

Los invernales cercados eran negros,
el verde pasto no se veía,
las aves descansaban sobre el seno del desnudo espino,
cuyas raíces, a un lado de la huella del camino,
habían unido sus partes por sobre varias grietas
que la helada había producido entre ellas.

III

Tus ojos brillaban bajo la claridad
de la agonizante luz lunar;
así como las luces de un pantano sobre un perezoso arroyo
resplandecen tenuemente, así la luna allí brillaba
y volvía amarillas las hebras de tu negro cabello,
que bajo el viento nocturno se agitaba.

IV

La luna hizo a tus labios palidecer, amada,
el viento hizo que tu pecho se enfriara,
la noche derramó sobre tu querida cabeza
su helado rocío, y tú sólo yacías
allí donde el amargo aliento del desnudo cielo
a voluntad visitarte podía.

Himno a la Belleza Intelectual

I

La enorme sombra de un invisible Poder
   flota, aunque invisible, entre nosotros,
   visitando este variado mundo con alas tan inconstantes
como los vientos de verano que se arrastran de flor en flor.
Como rayos lunares que tras alguna montaña poblada de pinos
     se derraman, visita con inconstante mirada
     cada corazón y rostro humanos;
como matices y armonías del anochecer,
     como nubes extendidas bajo la luz de las estrellas,
     como el recuerdo de una música que huyó,
     como alguna cosa que por su gracia
puede sernos cara, y aún más cara por su misterio.

II

Espíritu de la Belleza, que consagras
   con tus propios matices todo aquello sobre lo que brillas
   de pensamiento o forma humanos, ¿a dónde te has ido?,
¿por qué nos abandonas y dejas a nuestro estado,
este oscuro y vasto valle de lágrimas, vacío y desolado?
     ¿Por qué la luz del sol no teje por siempre
     arco iris sobre aquel río de montaña?,
¿por qué algo debe perder y desteñir lo que alguna vez es mostrado?,
     ¿por qué el miedo, el sueño, la muerte y el origen
     proyectan sobre la luz diurna de esta tierra
     semejante lobreguez?, ¿por qué el hombre tiene tanto espacio
para el amor y el odio, el abatimiento y la esperanza?

III

Ninguna voz desde algún mundo más sublime ha jamás
   a sabio o poeta estas respuestas dado,
   por lo tanto los nombres de Demonio, Espíritu y Cielo
permanecen como constancia de sus vanos esfuerzos,
frágiles ensalmos cuyo encanto verbal no logra separar,
     de todo lo que oímos y todo lo que vemos,
     duda, azar y mutabilidad.
Tu luz sola, como niebla por sobre montañas conducida,
     o como música por el viento nocturno susurrada
     a través de las cuerdas de algún quieto instrumento,
     o como luz lunar sobre un arroyo en medianoche,
da gracia y verdad al intranquilo sueño de la vida.

IV

El amor, la esperanza y la autoestima como nubes
    vienen y van, prestados por algunos inciertos momentos.
    El hombre sería inmortal, y omnipotente,
si tú, desconocida y temible como eres,
tomaras con tu glorioso séquito firme estado dentro de su corazón.
        Tú, mensajera de conmiseración,
        que creces y menguas en los ojos de los amantes,
¡tú, que para el pensamiento humano alimento eres,
        como la oscuridad para una llama moribunda!,
        no partas así como tu sombra vino,
        no partas, no sea que la tumba pueda ser,
como la vida y el miedo, una oscura realidad.

V

Mientras aún era yo un niño buscaba fantasmas, y vagué
    a través de muchas expectantes cámaras, cuevas, ruinas y bosques
    bajo la luz de las estrellas persiguiendo, con temerosos pasos,
esperanzas de elevado diálogo con aquellos que partieron.
Invoqué venenosos nombres con los que nuestra juventud es nutrida;
        no fui oído; no los pude ver;
        cuando, mientras pensaba profundamente en el destino
de la vida, en esa fresca hora en la que los vientos están cortejando
        a todos los seres vivos que despiertan
        para llevar noticias de aves y de florecimientos,
        de súbito tu sombra cayó sobre mí
y grité y junté mis manos en éxtasis.

VI

Juré que dedicaría todas mis facultades
    a ti y a lo tuyo... ¿acaso no he mantenido el juramento?
    Con corazón agitado y ojos llorosos,
aun ahora llamo a los fantasmas de pasadas horas,
a cada uno de su silencioso sepulcro: en soñadas glorietas
        de estudioso celo o de deleite amoroso
        ellos han velado conmigo durante toda la envidiosa noche;
ellos saben que jamás la alegría iluminó mi frente
        sino en la esperanza de que tú liberarías
        a este mundo de su oscura esclavitud;
        de que tú, oh, enorme Hermosura,
darías todo lo que estas palabras no pueden expresar.

VII

El día se vuelve más solemne y sereno
    cuando el mediodía ha pasado; hay una armonía
    en otoño, hay un brillo en su cielo,
que durante el verano no se oyen ni se ven,
como si no pudiesen ser, ¡como si jamás hubiesen sido!
    Que así tu poder, que como la verdad
    de la naturaleza sobre mi pasiva juventud
descendió, a lo que resta de mi vida otorgue
    su calma; a uno que te adora a ti
    y a cada forma que a ti te contiene;
    a uno a quien, bello Espíritu, tus hechizos ataron
a temerse a sí mismo y a amar a todo el género humano.

Mont Blanc

- Líneas escritas en el valle de Chamonix -

I

El infinito universo de las cosas
fluye por la mente y empuja sus rápidas olas,
ya oscuras, ya resplandecientes, ya prestando esplendor,
ya reflejando tinieblas, allí donde, desde secretas fuentes,
el manantial del pensamiento humano trae su tributo
de aguas, aunque con un sonido que es sólo la mitad del suyo,
tal como el que un débil arroyo asumirá a menudo
en los bosques vírgenes, entre solitarias montañas,
donde cascadas en torno suyo por siempre saltan,
donde los árboles y los vientos contienden y un caudaloso río
sobre sus rocas revienta y se enfurece incesantemente.

II

Así tú, cañón del Arve, oscuro y profundo cañón,
tú, valle de muchos colores, de muchas voces,
por sobre cuyos pinos, peñascos y cavernas se deslizan
rayos de sol y veloces sombras de nubes, imponente escena
donde el Poder, a semejanza del Arve, desciende
desde los abismos de hielo que rodean su trono secreto,
irrumpiendo por entre estas oscuras montañas como la llama
del relámpago a través de la tormenta, así yaces,
con tu gigante casta de pinos aferrándose a tu alrededor,
hijos de los antiguos tiempos en cuya devoción
los vientos desencadenados aún vienen, como siempre han venido,
para beber sus fragancias y para su poderoso balanceo escuchar:
una solemne armonía de incalculable antigüedad;
con tus terrenales arco iris extendidos a lo largo del alcance
de las etéreas cascadas, cuyos vaporosos velos
cubren varias imágenes no esculpidas; con el extraño sueño
que, cuando las voces de la naturaleza se pierden,
envuelve todo en su profunda eternidad;
con tus cavernas reverberando con la conmoción del Arve,
un sonido ruidoso y solitario al que ningún otro puede dominar;
y eres invadido por ese incesante movimiento,
eres el camino de ese incansable sonido,
¡vertiginoso cañón!, y cuando te contemplo
parezco como en un trance sublime y extraño,
meditando mis propias fantasías aisladas,
lo mío, mi mente humana, que pasivamente
traduce y recibe veloces influencias
mientras mantiene un constante intercambio
con el claro universo de las cosas alrededor,

una legión de extravagantes pensamientos cuyas errabundas alas
ya flotan sobre tu oscuridad como descansan allí
donde aquella o tú no son invitados inesperados,
en la apacible cueva de la cautivante Poesía,
buscando, entre las sombras que pasan,
fantasmas de todas las cosas que son, alguna sombra de ti,
algún espectro, alguna imagen velada, hasta que el pecho
del que huyen les recuerda que ¡tú estás ahí!

III

Algunos dicen que destellos de un mundo más remoto
visitan al alma dormida, que la muerte es un sueño
y que sus formas son más numerosas que los ajetreados
pensamientos de aquellos que despiertan y viven. Miro a lo alto:
¿ha desplegado alguna desconocida omnipotencia
el velo de la vida y de la muerte?, ¿o yazgo
dormido y el poderoso mundo del sueño
esparce alrededor, lejos e inaccesiblemente,
sus círculos? Pues el mismo espíritu desfallece,
conducido de una cima a otra como una nube sin hogar
que se desvanece entre las ciegas ventiscas.
Muy, muy por encima, agujereando el cielo infinito,
el Mont Blanc aparece, apacible, nevado y sereno;
sus montañas súbditas amontonan sus formas sobrenaturales
a su alrededor, hielo y roca, amplios valles en medio
de heladas corrientes, insondables profundidades
azules como el cielo que por encima se extiende
esparciendo vientos entre las acumuladas cumbres,
un desierto habitado sólo por tormentas,
salvo cuando el águila trae los huesos de algún cazador
y el lobo hasta allí la rastrea; ¡cuán atrozmente
sus formas se amontonan alrededor!, rudas, desnudas y altas,
espantosas, agrietadas y quebradas. ¿Es este el escenario
en el que el viejo demonio del Terremoto instruyó a su hija
la Ruina?, ¿fueron estos sus juguetes?, ¿envolvió un mar
de fuego alguna vez a esta silenciosa nieve?
Nadie puede responder: todo parece eterno ahora.
Las tierras desiertas tienen una misteriosa lengua
que enseña enormes dudas, o una fe tan apacible,
tan solemne, tan serena, que el hombre podría así,
de no ser por esa otra fe, reconciliarse con la Naturaleza;
tú tienes una voz, gran Montaña, capaz de revocar
enormes códigos de fraude y aflicción, no comprendida
por todos, pero que el sabio, el grande y el apto
interpretan, o llegan a intuir, o sienten profundamente.

IV

Los campos, los lagos, los bosques, los arroyos,
el océano y todos los seres vivos que moran
en la dedálica[1] tierra; el relámpago y la lluvia,
el terremoto, la feroz inundación y el huracán;
ese letargo del año durante el cual ligeras ensoñaciones
visitan a los ocultos brotes o reposos sin sueños
retienen en su poder a cada futura hoja y flor;
el salto con el que abandonan ese detestado trance;
las obras y caminos del hombre, su muerte
y su nacimiento, lo de él y todo lo que suyo pueda ser;
todas las cosas que se mueven y respiran con fatiga y sonido
aquí nacen y mueren, giran, se calman y crecen.
El Poder mora aislado en su tranquilidad,
remoto, sosegado e inaccesible;
y todo esto, el desnudo semblante de la tierra,
al cual contemplo, aun estas primitivas montañas,
instruye a la mente despierta. Los glaciares se arrastran,
como serpientes que acechan a su presa, rodando lentamente
desde sus fuentes lejanas. Allí, muchos precipicios
el hielo y el sol, en desdén del poder mortal,
han amontonado: cúpula, pirámide y pináculo,
una ciudad de muerte, visible por sus muchas torres
e inexpugnables muros de hielo centelleante;
sin embargo, no es una ciudad sino una marea de ruinas
lo que allí hay, que desde los límites del cielo
empuja su perpetua corriente. Altos pinos salpican
su senda destinada, o en el lacerado suelo
yacen destrozados y sin ramas. Las rocas, caídas
desde aquella remota desolación, han trastornado
los límites entre los mundos de la vida y la muerte,
límites que ya no podrán ser reclamados. La morada
de insectos, bestias y aves se vuelve su botín:
el alimento y el refugio de estos quedan por siempre obliterados,
tanta vida y alegría se ha perdido. La raza humana
huye lejos, presa del terror; sus obras y viviendas
se desvanecen como humo ante la corriente de la tempestad
y su destino se vuelve inescrutable. Debajo, vastas cuevas
brillan en el incansable resplandor de los violentos torrentes
que, brotando en tumulto desde aquellos secretos abismos,
fluyen a través del valle; y un majestuoso río,
aliento y sangre de tierras distantes, por siempre
empuja sus ruidosas aguas hacia las olas del océano
mientras sopla sus veloces vapores hacia el aire circundante.

---

[1] Adjetivo empleado muy a menudo por Shelley, derivado de Dédalo, célebre constructor del laberinto del Minotauro en Cnosos, Creta, y padre de Ícaro. Sinónimo de laberíntica.

V

El Mont Blanc aún resplandece en lo alto; el Poder
está allí, el calmo y solemne Poder de muchas vistas,
muchos sonidos y mucho de vida y de muerte.
En la serena oscuridad de las noches sin luna,
en el solitario fulgor del día, las nieves descienden
sobre aquella Montaña; nadie puede contemplarlas,
ni cuando los copos arden bajo el sol que se pone,
ni cuando la luz de las estrellas se precipita entre ellos.
Los vientos combaten silenciosamente allí y reúnen la nieve
con soplidos rápidos y poderosos, ¡pero silenciosamente!
Su hogar el relámpago sin voz en estas soledades
mantiene inocentemente, y como vapor reposa
sobre la nieve. La secreta Fuerza de las cosas,
que sobre el pensamiento gobierna y que para la cúpula
infinita del cielo es como una ley, habita allí.
¿Y qué serías tú, y la tierra, las estrellas y el mar,
si para las fantasías de la mente humana
sólo vacío fuesen el silencio y la soledad?

Ozymandias

Conocí a un viajero de una antigua tierra que me dijo:
«Dos vastas piernas de piedra, carentes de tronco,
se yerguen en el desierto. A su lado, medio hundido
en la arena, yace un desmoronado rostro cuyo ceño,
fruncidos labios y desdeñosa expresión de frío mando
revelan que su escultor pudo leer muy bien aquellas pasiones,
las cuales aún sobreviven, impresas en ese objeto sin vida,
a la mano que las copió y al corazón que las alimentó;
y en el pedestal estas palabras aparecen:
"Mi nombre es Ozymandias, rey de reyes;[1]
¡contempla mis obras, tú, poderoso, y desespera!".
Nada más queda. Alrededor de las ruinas
de esos colosales restos, ilimitadas y desnudas,
las solitarias y llanas arenas se extienden a lo lejos».

---

[1] Ozymandias era el nombre griego del faraón egipcio Ramsés II, la historia de cuya estatua fue preservada por Diodoro Sículo en su *Biblioteca histórica* (Libro I, Capítulo 47, § 4).

Invocación a la Miseria

I

¡Ven, sé feliz!, siéntate a mi lado,
Miseria revestida en sombras;
modesta, renuente, silenciosa novia
que te lamentas en tu manto de orgullo
y desolación... ¡tú, divinizada!

II

¡Ven, sé feliz!, siéntate a mi lado:
triste como debo parecerte
soy mucho más feliz que tú,
dama cuya majestuosa frente
tiene por diadema la aflicción.

III

¡Miseria!, nos hemos conocido el uno al otro
como una hermana y un hermano
viviendo en el mismo hogar solitario
durante muchos años, y juntos tendremos que vivir
un incierto lapso de tiempo aún por venir.

IV

Es una suerte cruel, y sin embargo
el mejor partido sacaremos de ella;
si el amor perdurar puede cuando el placer muere,
nosotros dos amaremos hasta que en nuestros ojos
este infierno del corazón un paraíso parezca.

V

¡Ven, sé feliz!, recuéstate tú
sobre la fresca hierba recientemente segada
donde el saltamontes canta
con alegría, un ser gozoso
en un mundo de pesares.

VI

Allí el sauce será nuestro cobijo,
y mi brazo será tu almohada;
sonidos y fragancias, entristecidos
porque alguna vez fueron gratos,
nos convidarán al sueño, profundo y pesado.

VII

¡Ja!, tu helado pulso se altera
con un amor que a pronunciar no te atreves.

Estás murmurando, estás sollozando,
¿está tu gélido pecho saltando
mientras mi corazón yace dormitando?

VIII

Bésame: ¡oh!, tus labios están fríos;
envuelve mi cuello con tus brazos:
son suaves, pero están muertos y helados;
y tus lágrimas sobre mi cabeza
arden como gotas de plomo congelado.

IX

Apresúrate hacia el lecho nupcial:
debajo del sepulcro está extendido;
en la oscuridad nuestro amor podrá ocultarse,
el olvido será nuestra sábana,
nosotros podremos descansar, y nadie prohibirlo.

X

Abrázame hasta que nuestros corazones
se fundan como dos sombras en una,
hasta que este espantoso trance pueda
como un vapor desvanecerse
en el sueño que dura para siempre.

XI

Puede que soñemos, en ese largo sueño,
que no somos nosotros quienes lloran;
así como el Placer a menudo sueña contigo,
Miseria que abandonas la vida,
tú con él podrás soñar entonces junto a mí.

XII

Riamos, y hagamos nuestra felicidad
en las sombras de la tierra, mientras
bajo la luna los perros ladran a las nubes
que, como espectros envueltos en mortajas,
atraviesan la noche en multitudes.

XIII

Todo el ancho mundo, a nuestro alrededor,
se exhibe como un enorme número
de marionetas pasando por un escenario:
¿qué pueden pretender sino burlarse
de donde yo estoy... de donde tú has estado?

Lo pasado

¿Olvidarás tú las felices horas
que en los jardines del Amor enterramos,
amontonando sobre sus fríos cadáveres,
en lugar de moho, flores y hojas?
Flores que fueron las alegrías que cayeron,
y hojas, las esperanzas que aún quedan.

¿Olvidar lo muerto, lo pasado? ¡Oh!,
aún hay espectros que por ello vengarse pueden;
recuerdos que hacen del corazón una tumba,
pesares que se deslizan por el abatimiento del alma
y que con espantosos susurros nos dicen
que la alegría, cuando se pierde, por aflicción se cambia.

Sobre una violeta marchita

El color de la flor se ha ido,
    que como tus dulces ojos sonreía ante mí;
la fragancia de la flor se ha perdido,
    que suspiraba de ti y sólo de ti.

Una marchita, muerta, vacía forma
    yace sobre mi pecho abandonado
y se burla de mi corazón aún ardiente
    con un frío y silencioso descanso.

Lloro: mis lágrimas no la reviven;
    suspiro: sobre mí no respira más;
su mudo destino sin quejas
    es tal como el mío será.

Soneto

No levantéis el velo pintado que aquellos que viven
llaman Vida, aunque formas irreales estén allí dibujadas
y sólo imite todo aquello en lo que creemos
con colores ociosamente esparcidos; detrás acechan el Miedo
y la Esperanza, destinos gemelos, que por siempre entretejen
sus sombras sobre el abismo lúgubre y ciego.
Conocí a alguien que una vez lo levantó: buscaba,
pues su perdido corazón era sensible, cosas para amar,
pero no las encontró, ¡ay!, ni tampoco había allí cosa alguna
de las que el mundo contiene que pudiese él aprobar.
Entre la muchedumbre que lo ignoraba se movía,
un resplandor entre sombras, una brillante mancha
sobre esta lóbrega escena, un espíritu que luchaba
por la verdad y que, como el Predicador[1], no la podía encontrar.

---

[1] Si bien la identidad de este Predicador es materia de debate, suele ser asociada al autor del Eclesiastés, también llamado libro del Predicador, uno de los libros sapienciales del Antiguo Testamento, acaso el que plantea más dudas existenciales en toda la Biblia, las cuales se resumen en el recurrente lamento «*Vanitas vanitatum omnia vanitas*» (cfr. Eclesiastés, 1, vers. 2: «¡Vanidad de vanidades! —dice el Predicador—, ¡vanidad de vanidades, todo es vanidad!»).

Líneas[1]

- Escritas durante el gobierno de Castlereagh[2] *-*

Los cadáveres están fríos en sus sepulcros,
las piedras en el pavimento están mudas,
los abortos están muertos en el útero,
y sus madres se ven pálidas como la blanca costa
de Albión[3], nunca más en libertad.

Sus hijos son como las piedras del camino,
meros bultos de insensible arcilla:
se los pisa y no intentan defenderse;
el aborto, con el que ella ha sufrido intensos dolores,
es la Libertad, golpeada hasta la muerte.

Por lo tanto, pisotea y danza, tú, opresor,
pues tu víctima ya no puede recuperarse;
tú eres el único señor y posesor
de sus cadáveres, piedras y abortos:
ellos enlosan tu camino hacia la tumba.

¿Oyes el estruendo del festival
de la Muerte, la Destrucción, el Pecado
y la Riqueza, que allí dentro gritan: «¡Estrago!»?
Es la triunfante bacanal que enmudece
a la verdad, tu epitalamio.

¡Ah, cásate con tu espantosa mujer!
¡Que el Miedo, la Inquietud y el Conflicto
preparen tu lecho en la cámara de la vida!
¡Cásate con la Ruina, tirano!, y que tu Dios
te guíe pronto al tálamo nupcial.

---

[1] Los escritos de carácter político representan una faceta de enorme importancia en la obra de Shelley, principal ejemplo de lo cual es su virulento *The Masque of Anarchy*. Hemos escogido como ilustrativos este poema y el siguiente, escritos ambos en el turbulento año de 1819.

[2] El vizconde de Castlereagh, un político conservador de la época, se había ganado el odio incondicional de Shelley, quien lo consideraba un «archienemigo de la libertad humana».

[3] Antiguo nombre dado a Gran Bretaña. Aunque de origen incierto, suele ser asociado al blanco color de los acantilados de Dover, frente al canal de la Mancha.

Inglaterra en 1819

Un rey viejo, loco, ciego, despreciado y moribundo;[1]
príncipes, las heces de su decadente raza, que se pasean
ante el desprecio público: lodo de una fuente fangosa;
gobernantes que ni ven, ni sienten, ni saben,
pero que como sanguijuelas se adhieren a su agonizante país
hasta que caen, ahítos de sangre, sin necesidad de un golpe;
un pueblo hambriento y apuñalado en un campo sin cultivar;
un ejército al que el liberticidio y la rapiña vuelven
una espada de doble filo para todo aquel que la empuñe;
doradas y sangrientas leyes que tientan y matan;
una religión sin ningún Cristo, sin ningún Dios, un libro sellado;
y un senado que no revocó el peor estatuto de la historia
son tumbas de las que un glorioso Fantasma puede irrumpir
para nuestros tempestuosos días iluminar.

---

[1] El rey de Inglaterra a la sazón era Jorge III (1738-1820), quien, a causa de sus ya frecuentes ataques de locura, se había visto obligado a ceder la regencia a su hijo Jorge IV, príncipe de Gales.

Oda al Viento Oeste

I

Oh, salvaje Viento Oeste, aliento del Otoño,
tú, de cuya invisible presencia las hojas muertas
se alejan, como espectros que de un hechicero huyeran,

en pestilentes multitudes amarillas, negras,
pálidas y de enfermizos rojos; oh, tú,
que conduces a su oscuro lecho invernal

a las aladas semillas, en donde quedarán frías y abatidas,
cada una como un cadáver en su tumba,
hasta que tu azul hermana de Primavera sople

su clarín sobre la tierra que sueña y llene
(llevando suaves brotes cual rebaños que en el aire pacieran)
con vivos matices y fragancias llanura y colina;

salvaje Espíritu, que por todos lados te mueves,
destructor y protector, ¡escucha, oh, escucha!

II

Tú, en cuya corriente, en medio de la alta conmoción del cielo,
solitarias nubes como las hojas marchitas de la tierra caen,
sacudidas de las enmarañadas ramas del Cielo y el Océano,

heraldos de lluvia y relámpago; dispersas están
por la azul superficie de tu aéreo oleaje,
como brillante cabello alborotado en la cabeza

de una furiosa ménade[1], desde el oscuro extremo
del horizonte hasta lo alto del cénit,
los rizos de la inminente tormenta; tú, canto fúnebre

del año en agonía, para quien esta noche que se cierra
será la cúpula de un vasto sepulcro
abovedado por toda tu congregada fuerza

de vapores, de cuya densa atmósfera estallarán
lluvia negra, fuego y granizo, ¡oh, escucha!

---

[1] Las ménades o bacantes eran sacerdotisas y seguidoras del culto a Dioniso (Baco entre los romanos) que celebraban bacanales en los bosques entregándose al desenfreno y a éxtasis orgíasticos que no pocas veces culminaban en frenética vesania. Varios episodios de homicidios y descuartizamientos las tienen como protagonistas, entre ellos, el del célebre músico Orfeo y el de Penteo, rey de Tebas. Llevaban el cabello suelto, de donde nace la comparación de Shelley.

III

Tú, que de sus sueños estivos has despertado
al azul Mediterráneo, allí donde yacía,
arrullado por el serpenteo de sus cristalinas corrientes,

junto a una isla volcánica en la bahía de Baia[2],
y que dormido has visto antiguos palacios y torres
temblando bajo la intensa claridad de las olas,

todos cubiertos de musgo azul y de flores
tan puras que los sentidos desfallecen al describirlas;
tú, por cuyo paso los nivelados poderes del Atlántico

se hienden en abismos, mientras que, muy por debajo,
las flores marinas y las algas que conforman
el marchito follaje del océano reconocen

tu voz y súbitamente se ponen grises de pavor
y tiemblan y se desnudan, ¡oh, escucha!

IV

Si yo fuese una hoja muerta que tú arrastraras,
si fuese una veloz nube para volar contigo,
una ola para palpitar bajo tu poder y compartir

el impulso de tu fuerza, aunque con menos libertad
que tú, ¡oh, incontrolable!; o si incluso
fuese yo como en mi juventud y pudiese

el compañero de tus vagabundeos por los cielos ser,
como entonces, cuando sobrepasar tu aérea rapidez
apenas parecía una ilusión, nunca me habría esforzado

en así rezarte desde mi dolorosa miseria.
¡Oh, elévame como a una ola, una hoja, una nube!
¡Caigo sobre las espinas de la vida! ¡Estoy sangrando!

Un importante peso de horas ha encadenado e inclinado
a uno muy parecido a ti: indómito, veloz y orgulloso.

---

[2] Baia (o Bayas), ciudad situada en la costa de Nápoles, fue un centro balneario de aguas termales muy frecuentado por la aristocracia romana y en el que incluso Julio César y los emperadores tuvieron suntuosas villas de descanso. Debido al carácter volcánico de su suelo, gran parte de la ciudad quedó sumergida bajo las aguas y es ahora un parque arqueológico subacuático.

V

Hazme tu lira, aun tal como el bosque lo es:
¡si mis hojas están cayendo como las suyas!
El tumulto de tus poderosas armonías

de ambos un profundo tono otoñal tomaría,
melodioso aunque lleno de tristeza. ¡Sé tú, Espíritu feroz,
mi propio espíritu! ¡Seamos uno, impetuoso!

¡Conduce a mis pensamientos muertos sobre el universo
como a hojas marchitas para acelerar una nueva vida!
¡Y, por el hechizo de estos versos, esparce,

como de un fuego no extinto cenizas y chispas,
mis palabras entre los pueblos y los hombres!
¡Sé a través de mis labios, para la tierra aún dormida,

como la trompeta de una profecía! ¡Oh, Viento!,
si el Invierno viene, ¿puede la Primavera hallarse lejos?

Oda al Cielo

¡Techo palaciego de noches despejadas,
gran paraíso de luces doradas,
    profundo, inconmensurable, vasto,
que eres ahora y que has sido siempre,
    del presente y del pasado,
de los eternos dónde y cuándo,
    augusta sala, templo, hogar,
    sempiterna cúpula y dosel
    de acciones y edades aún por llegar!

Gloriosas formas viven en ti:
la Tierra y toda su enorme compañía;
    esferas vivientes que por siempre pueblan
tus profundos abismos y desolaciones;
    verdes mundos que por ti se deslizan;
veloces estrellas de centelleantes trenzas;
    gélidas lunas de fríos resplandores;
    e inmensos soles de más allá de la noche,
    átomos portadores de la luz más intensa.

Incluso tu nombre es como un dios,
¡Cielo!, pues tú eres la morada
    de ese poder que es el espejo
en el cual el hombre su propia naturaleza ve.
    Las generaciones, mientras se suceden,
te alaban con dobladas rodillas;
    todos sus efímeros dioses y ellos
    como aguas de un río pasan y se van,
    pero tú... ¡tú permaneces siempre igual!

[...]

La filosofía del amor

I

Las fuentes se mezclan con el río
   y los ríos con el océano;
los vientos del cielo se entremezclan
   con una dulce emoción;
nada en este mundo está solo:
   todas las cosas, por una ley divina,
se unen y entrelazan en un espíritu,
   ¿por qué no yo contigo?

II

Mira a las montañas besar al alto cielo
   y a las olas entre ellas abrazarse;
ninguna flor hermana sería perdonada
   si a su hermano desdeñara;
y la luz del sol abraza a la tierra
   y los rayos lunares besan al mar:
¿de qué sirven todos estos besos
   si tú no me besas sin más?

La serenata india

Despierto tras soñar contigo
en el primer dulce reposo de la noche,
cuando los vientos están soplando bajo
y las estrellas están brillando claras;
despierto tras soñar contigo
y un espíritu en mis pies
me ha conducido, ¿quién sabe cómo?,
hasta la ventana de tu recámara.

Las brisas errantes languidecen
sobre el oscuro y perezoso arroyo,
las fragancias de la champaca[1] se pierden
como dulces pensamientos en un sueño,
y el lamento del ruiseñor
muere sobre su corazón
como yo lo haré sobre el tuyo,
tan intenso es mi amor.

¡Levántame de la hierba!
¡Muero, caigo, me pierdo!
Que tu amor en besos llueva
sobre mis labios y mis pálidos párpados.
Mis mejillas están frías y blancas,
¡ay!, mi corazón late fuerte y rápido,
¡oh!, oprímelo contra el tuyo de nuevo,
donde finalmente se romperá.

---

[1] Árbol natural de la India, de flores amarillas y fragantes.

La nube

Llevo frescos chaparrones para las flores sedientas
     desde los mares y los arroyos;
doy apacible sombra a las hojas cuando reposan
     en sus sueños de mediodía;
de mis alas son sacudidos los rocíos que despiertan
     a todos los dulces brotes
cuando en el pecho de su madre son acunados
     mientras alrededor del sol ella danza;
esgrimo el martillo del violento granizo
     y dejo blancas las verdes llanuras de abajo,
y luego nuevamente lo disuelvo todo en lluvia
     y río mientras tronando paso.

Esparzo la nieve sobre las montañas debajo
     y sus grandes pinos gimen horrorizados,
y por toda la noche es esta mi blanca almohada
     mientras duermo entre los brazos de las ráfagas.
Sublime, en las torres de mis aéreas plazas,
     el relámpago como mi piloto reposa,
mientras en una caverna debajo está encadenado el trueno,
     que en ataques se debate y aúlla;
sobre tierra y océano, con suave movimiento,
     este piloto me guía por el cielo,
atraído por el amor de los genios que se mueven
     en las profundidades del purpúreo mar;
sobre los arroyuelos, las colinas y los peñascos,
     sobre las llanuras y los lagos,
donde quiera que imagine que, bajo montaña o corriente,
     el espíritu que ama permanece;
y todo ese tiempo yo me caliento bajo la azul sonrisa del cielo
     mientras él en lluvias se está disolviendo.

El rojo amanecer, con sus ojos de meteoro
     y sus ardientes plumas desplegadas,
salta por detrás de la ruina de mi navegar
     cuando el lucero del alba brilla muerto,
y, en el pico del peñasco de una montaña
     que un terremoto sacude y hace oscilar,
un águila, posándose por un momento,
     descansa en la luz de sus doradas alas.
Y cuando el ocaso exhala, desde el encendido mar debajo,
     sus ardores de reposo y de amor,
y el mortuorio velo carmesí de la víspera cae
     desde las profundidades del cielo en lo alto,

con las alas plegadas descanso en mi nido aéreo,
    tan quieta como una paloma empollando.

Esa esférica doncella cargada de fuego blanco
    a la que los mortales llaman Luna
se desliza con tenue luz sobre mis pisos, que lana semejan,
    extendidos por las brisas nocturnas;
y, por donde quiera que el golpe de sus invisibles pasos,
    que sólo los ángeles oyen,
pueda haber roto el delgado tejido del techo de mi tienda,
    las estrellas espían por detrás de ella y observan;
y yo río al verlas agitarse y huir
    como un enjambre de doradas abejas
cuando amplío el desgarrón en mi tienda de viento
    hasta que los calmos ríos, lagos y mares,
semejando jirones de cielo a través de mí caídos de lo alto,
    son enlosados con la luna y con ellas.

Rodeo el trono del sol con un ardiente cinturón
    y el de la luna con una faja de perlas;
los volcanes se oscurecen y las estrellas se tambalean
    cuando los torbellinos mi estandarte despliegan.
De peñasco a peñasco, con una forma similar a la de un puente,
    sobre un mar torrencial
cuelgo como un techo a prueba de rayos solares
    y las montañas mis columnas son.
El arco triunfal a través del cual marcho
    con huracán, fuego y nieve,
cuando los poderes del aire a mi silla están encadenados,
    es ese arco de un millón de colores:
la ígnea esfera de arriba sus suaves matices ha tejido
    mientras la húmeda tierra reía debajo.

Soy la hija de la Tierra y del Agua;
    soy la amamantada del Cielo;
paso por entre los poros del océano y de la costa;
    cambio, pero morir no puedo.
Pues, pasada la lluvia, cuando con ni una mancha
    el pabellón del cielo desnudo está
y los vientos y los rayos solares con sus destellos convexos
    reconstruyen la azul cúpula del aire,
silenciosamente me río de mi propio cenotafio
    y, saliendo de las cavernas de la lluvia
como un niño del útero, como un espectro de la tumba,
    asciendo para destruir el azul una vez más.

A una alondra

¡Te saludo, alegre Espíritu!,
un pájaro nunca fuiste,
tú que desde el cielo, o sus cercanías,
vuelcas tu henchido corazón
en profusas melodías de impremeditado arte.

Más alta aún y más alta
desde la tierra te lanzas
como una nube de fuego;
por el profundo azul aleteas,
y cantando aún te encumbras, y encumbrándote siempre cantas.

En el dorado fulgor
del sol que se pone,
y por sobre el cual las nubes relucen,
flotas y te deslizas tú,
como un gozo sin cuerpo cuya carrera recién comenzó.

El pálido atardecer purpúreo
se funde en torno a tu vuelo;
como una estrella del cielo
a la plena luz del día,
eres invisible, pero aún oigo tu agudo deleite,

penetrante como las flechas
de aquella plateada esfera
cuya intensa luz mengua
en la blanca y clara aurora
hasta que apenas la vemos y sólo sentimos que sigue allí.

Toda la tierra y el aire
con tu voz se colman,
así como, cuando la noche está despejada,
desde una solitaria nube
la luna derrama sus rayos y los cielos se desbordan.

No sabemos qué es lo que eres,
ni qué se parece más a ti.
Desde las nubes del arco iris no fluyen
gotas tan brillantes para ver
como la lluvia de melodía que de tu presencia cae aquí.

Como un poeta escondido
    en la luz del pensamiento,
entonando himnos siempre nuevos
    hasta que el mundo es llevado
a simpatizar con esperanzas y miedos en los que no reparaba;

como una doncella de alto linaje
    en la torre de un palacio,
sosegando, en una hora secreta,
    su alma por la pasión herida
con una música que, dulce como el amor, inunda su aposento;

como una luciérnaga dorada
    en un valle de rocío,
esparciendo sin ser observada
    sus etéreos matices
entre las flores y el pasto que la ocultan de la vista;

como una rosa en una glorieta
    formada por sus propias hojas verdes
que es sacudida por cálidas brisas
    hasta que su fragancia hace desfallecer,
por su excesiva dulzura, a esos ladrones de pesadas alas.

Al sonido de primaverales chaparrones
    sobre la trémula hierba,
a las flores que la lluvia ha despertado
    y a todo lo que haya sido
o pueda ser alegre y fresco y claro tu música sobrepasa.

Enséñanos, Ave o Espíritu,
    qué dulces pensamientos albergas;
jamás he oído yo
    alabanza de amor o de vino
que derramara un torrente de embelesamiento tan divino.

Coro de himeneo
    o canto triunfal
comparados con los tuyos no serían
    sino una vacía jactancia,
algo en lo que sentiríamos que hay una oculta falla.

¿Qué objetos son la fuente
 de tu feliz gorjeo?,
¿qué campos, olas o montañas?,
  ¿qué formas del cielo o de la tierra?,
¿qué amor de tu propia especie?, ¿del dolor, qué ignorancia?

Con tu clara e intensa alegría
 la languidez no puede existir;
sombras de fastidio
 nunca se acercan a ti;
tú amas, pero nunca has conocido el triste hastío del amor.

Ya despierta o dormida,
 tú de la muerte debes intuir
cosas más ciertas y profundas
 que las que nosotros los mortales soñamos,
¿o cómo podrían si no tus notas en tan cristalino arroyo fluir?

Miramos el antes y el después
 y lloramos por lo que no es;
nuestra más sincera risa
 siempre con algún dolor se mezcla;
nuestros más bellos cantos son los que abordan la más triste idea.

Aun si pudiésemos despreciar
 el odio, el orgullo y el miedo,
aun si fuésemos seres nacidos
 para ni una lágrima derramar,
no sé cómo nos acercaríamos alguna vez a tu felicidad.

Mejor que todas las medidas
 de delicioso sonido,
mejor que todos los tesoros
 que se encuentran en los libros,
tu destreza como poeta es, ¡tú, que desdeñas el suelo!

Enséñame la mitad del regocijo
 que tu cerebro conoce:
tal demencia armoniosa
 de mis labios fluiría,
que el mundo escucharía entonces como yo escucho ahora.

Aretusa

I

Aretusa[1] brincó
de su lecho de nieve
en los montes de Acroceraunia,
de entre nubes y peñascos
llenos de picos,
pastoreando sus brillantes fuentes.
Saltó por entre las rocas,
con sus rizos de arco iris
fluyendo en medio de los arroyos;
sus pasos enlosaban con verde
la hondonada descendente
que se inclina hacia los destellos del oeste,
y deslizándose y saltando
siguió, siempre cantando
con murmullos tan suaves como el sueño;
la Tierra parecía amarla
y el Cielo sonreía sobre ella
mientras lentamente hacia el abismo descendía.

II

Entonces el osado Alfeo,
en su frío glaciar,
con su tridente las montañas golpeó
y abrió así una sima
en las rocas; con el espasmo,
todo el Erimanto se sacudió.
Y el negro viento del sur
liberó detrás
las urnas de la silenciosa nieve,
y el terremoto y el trueno
rompieron en hendiduras
las márgenes de los manantiales inferiores.
Y la barba y el cabello
del dios del río pudieron verse
a lo largo del paso del torrente,
mientras perseguía él la ligereza
de la veloz huida de la ninfa
hacia el borde del abismo dorio.

---

[1] Aretusa era el nombre de una fuente situada en la isla de Ortigia, frente a Siracusa, asociada a una ninfa así como el río Alfeo a un dios. En este poema, basado en una antigua leyenda que los reúne a ambos, Shelley difiere bastante tanto de la versión clásica recogida por Ovidio en sus *Metamorfosis* (Libro V, versos 572 y ss.) como de la de Pausanias (*Descripción de Grecia*, Libro V, Capítulo 7, § 1 a 3).

III

«¡Oh, salvadme!, ¡oh, guiadme!,
    ¡dejad que el abismo me oculte,
pues me toma ya por los cabellos!».
    El ruidoso Océano[2] esto oyó
    y a sus azules profundidades agitó
y dividió para atender su plegaria;
    y bajo el agua
    la blanca hija de la Tierra
huyó como un rayo de sol,
    y tras ella descendieron
    sus oleajes, sin mezclarse
con las salobres corrientes dorias;
    mas, como una lúgubre mancha
    sobre las aguas esmeralda,
Alfeo se precipitó detrás,
    como un águila persiguiendo
    a una paloma hacia su ruina
por entre las corrientes del turbio viento.

IV

Bajo las glorietas
    en las que los monarcas del océano
se sientan sobre sus tronos perlados;
    a través de los bosques de coral
    de las conmocionadas aguas,
sobre montículos de invaluables piedras;
    por entre los débiles rayos
    que en medio de las corrientes
entretejen redes de colorida luz;
    y en el interior de las cuevas
    en las que las sombrías olas
son tan verdes como la noche de un bosque;
    más veloces que el tiburón
    y que el oscuro pez espada,
bajo la espuma del océano
    y por entre las aberturas
    de los acantilados de las montañas,
pasaron ellos en dirección a su hogar.

---

[2] Océano pertenecía a la primera generación de los titanes, hijos de Gaia y Urano. Junto a su hermana, la titánide Tetis, fue padre de las tres mil oceánides y de los tres mil oceánidas o dioses de los ríos, entre los que se contaba Alfeo (cfr. Hesíodo, *Teogonía*, versos 337 y ss.).

V

Y ahora desde sus fuentes
en las montañas de Enna,
en un valle en el que la mañana se asolea,
como amigos una vez separados
y vueltos de corazón solitario
se dedican ellos a sus tareas acuáticas.
Al amanecer saltan
de sus altas cunas
en la cueva de una colina escalonada;
al mediodía fluyen
por entre los bosques inferiores
y las praderas de asfódelos;
y a la noche duermen
en el rocoso abismo
bajo la costa de Ortigia,
como espíritus que descansan
en el cielo azul
cuando aman pero ya no viven más.

P. B. Shelley

El himno de Apolo[1]

Las insomnes horas que me observan mientras reposo,
    cortinado por tapices bordados con estrellas
que caen desde la amplia luz lunar del cielo,
    me despiertan, ahuyentando de mis cerrados ojos
a los atareados sueños, cuando su madre, la gris Aurora,
les advierte que todos los sueños y la luna han partido.

Entonces me levanto y, escalando la azul cúpula del cielo,
    camino sobre las montañas y las olas,
dejando mi manto sobre la espuma del océano;
    mis pasos enlosan las nubes con fuego, las cuevas
se ven invadidas por mi brillante presencia, y el aire
abandona a mis desnudos abrazos a la verde Tierra.

Los rayos solares son mis flechas, con las cuales mato
    al engaño, que ama la noche y teme el día;
todos los hombres que hacen o incluso proyectan el mal
    huyen de mí, y, por la gloria de mis rayos,
las buenas almas y las acciones abiertas cobran un nuevo poder
hasta que disminuyen en el reino de la Noche.

Alimento a las nubes, los arco iris y las flores
    con sus etéreos colores; la esfera de la luna
y las puras estrellas en sus eternas glorietas
    son cubiertas con mi poder como con un manto;
todas las luces que en la tierra o el cielo pueden brillar
son porciones de un solo poder, que proviene de mí.

Al mediodía me poso sobre la cumbre del cielo,
    y entonces, con renuentes pasos, vago descendiendo
hacia las nubes de la tarde atlántica;
    por la pena de verme partir ellas lloran y fruncen el ceño,
mas ¿qué visión puede ser más deliciosa que la de la sonrisa
con la que las reconforto desde la isla occidental?

Soy el ojo con el que el Universo
    se contempla a sí mismo y se sabe divino;
toda armonía de instrumento o de verso,
    toda profecía, toda medicina es mía,
toda luz del arte o de la naturaleza; a mi canción presente
la victoria y la alabanza por derecho propio pertenecen.

---

[1] Con este poema y el siguiente, Shelley ilustra la competencia que, según la leyenda, libraron Apolo y Pan ante el rey Midas, quien despertó la furia del primero al preferir el vulgar canto de su contrincante y fue por consiguiente castigado con el crecimiento de un par de orejas de burro.

El himno de Pan

De los bosques y las montañas
   venimos, venimos,
desde islas rodeadas por ríos
   en las que las ruidosas olas enmudecen
     escuchando los melodiosos sones de mi flauta.
El viento en las cañas y los juncos,
   las abejas en las flores del tomillo,
las aves en los arbustos de mirto,
   la cigarra arriba en el limero
y los lagartos abajo en la hierba
se hallaban tan silenciosos como el viejo Tmolo[1]
    escuchando los melodiosos sones de mi flauta.

El río Peneo fluía y todo
   el oscuro valle del Tempe yacía
bajo la sombra del monte Pelión, que ya prevalecía
   sobre la luz del agonizante día,
    apresurado por los melodiosos sones de mi flauta.
Los silenos, los silvanos,[2] los faunos
   y las ninfas de los bosques y las olas,
en las húmedas márgenes herbosas de los ríos
   y en las entradas de las goteantes cavernas,
así como todos los que entonces los atendían y seguían
estaban silenciosos por amor, como tú ahora, Apolo,
    por envidia de los melodiosos sones de mi flauta.

Canté sobre las estrellas danzantes,
   canté sobre la dedálica tierra,
canté sobre el cielo y las gigantes guerras,
   sobre el amor, la muerte y el nacimiento,
    y entonces cambié los melodiosos sones de mi flauta
cantando sobre cómo en el valle de Ménalo
   perseguí yo a una doncella y atrapé una caña.[3]
¡Dioses y hombres, todos somos engañados así!
   Esto desgarra nuestro pecho y entonces sangramos
y lloramos, como ustedes dos lo harían ahora,
si la envidia y la edad no hubiesen congelado su sangre,
    ante la tristeza de los melodiosos sones de mi flauta.

---

[1] Tmolo, el árbitro de la contienda musical entre Apolo y Pan, era un dios de un monte homónimo que, a diferencia de Midas, otorgó el triunfo a Apolo (cfr. Ovidio, *Metamorfosis*, XI, 146 y ss.).

[2] Los silenos y los silvanos eran seres mitológicos muy similares a los faunos y los sátiros.

[3] Alusión a la leyenda, también recogida por Ovidio (*Metamorfosis*, I, 689 y ss.), en la que la ninfa Siringe fue transformada, para escapar a la lujuriosa persecución de Pan, en un haz de cañas con el cual más tarde el dios confeccionó su flauta o zampoña de varios tubos llamada *siringa*.

La canción de Proserpina[1]

- Mientras recoge flores en la llanura de Enna -

I

Sagrada diosa, Madre Tierra,
   tú de cuyo inmortal seno
nacen dioses, hombres y bestias,
   hoja y tallo, brote y flor,
sopla tu influencia más divina
sobre tu propia hija Proserpina.

II

Si con neblinas de rocío nocturno
   alimentas tú a estas jóvenes flores
hasta que crecen, en matiz y fragancia,
   como las más hermosas hijas de las horas[2],
sopla tu influencia más divina
sobre tu propia hija Proserpina.

---

[1] Diosa romana, hija de Júpiter y Ceres, que equivale a la Perséfone griega. Raptada mientras recogía flores en la llanura siciliana de Enna y tomada como esposa por el dios infernal Plutón, con quien pasó a reinar los mundos inferiores, obtuvo por intercesión de su desesperada madre el favor de poder pasar una temporada al año en la Tierra, lo cual la convirtió en un símbolo de la fertilidad estacional de la naturaleza y como tal recibió culto al inicio de cada primavera. La leyenda completa fue preservada, entre otros, por Ovidio (*Metamorfosis*, V, 341 y ss.).

[2] Las horas eran diosas benévolas que simbolizaban, entre los helenos, el orden de la naturaleza y los cambios regulares de las estaciones. Ver el comienzo de *El himno de Apolo* (p. 50).

Los que vagan por el mundo

Dime, tú, estrella, cuyas plumas de luz
te dan velocidad en tu ardiente vuelo,
¿en qué caverna de la noche
    se aquietarán tus alas ahora?

Dime, luna, tú, gris y pálida
peregrina de los senderos celestes,
¿en qué abismo de la noche o del día
    buscas reposo tú ahora?

Fatigado viento, que por siempre vagas
como el invitado indeseado del mundo,
¿tienes aún algún nido secreto
    sobre árbol o sobre ola?

Soneto

¡Os apresuráis hacia la tumba! ¿Qué buscáis allí,
oh, inquietos pensamientos y turbias ambiciones
del cerebro ocioso que la librea del mundo viste?
¡Tú, corazón ardiente, que anhelas poseer
todo lo que la pálida Esperanza hermoso finge!,
¡tú, espíritu vanamente curioso, que deseas adivinar
de dónde has venido y hacia dónde debes ir
y que todo lo que nunca se ha conocido quieres conocer!,
¿hacia dónde corréis, que de tal suerte abrumáis
con esos veloces pasos el verde y agradable sendero de la vida,
buscando, tanto de la alegría como de la aflicción,
un refugio en la caverna de la grisácea muerte?
¡Oh, corazón, espíritu y pensamientos!, ¿qué cosa
esperáis heredar allí abajo en la tumba?

Epipsychidion

¡Dulce Espíritu!,[1] hermana de aquel otro huérfano
cuyo imperio es el nombre que hoy lloras:
en el templo de mi corazón para ti suspendo
estas votivas coronas florales de marchita memoria.

¡Pobre ave cautiva!, que, desde tu estrecha jaula,
derramas tal música que ablandar podría
los ásperos corazones de aquellos que te aprisionaron
si no fuesen ellos sordos a toda dulce melodía;
esta canción será tu rosa: sus pálidos pétalos
están muertos, por cierto, ¡mi adorado Ruiseñor!,
pero suave y fragante es su marchito brote
y no le quedan ya espinas para herir tu pecho.

¡Sublime Corazón de espirituales alas!, que por siempre
tus insensibles rejas con vano empeño golpeas
hasta que esas brillantes plumas del pensamiento, ataviado
en las cuales sobrevuela él esta baja y terrena sombra,
destrozadas quedan y tu palpitante pecho herido
mancha con cara sangre su nada maternal nido.
Lloro lágrimas vanas: menos amarga la sangre sería,
y hasta derramada con alegría, si de algo servirte pudiera.

¡Serafín del Cielo!, ¡demasiado tierna para ser humana,
velando tras esa radiante forma de Mujer
todo lo que insoportable es en ti
de luz, de amor y de inmortalidad!
¡Dulce Bendición en la eterna Maldición!
¡Velada Gloria de este Universo en tinieblas!
¡Tú, Luna tras las nubes! ¡Tú, Forma viva
entre los Muertos! ¡Tú, Estrella sobre la Tormenta!
¡Tú, Maravilla; tú, Terror; tú, Belleza;
tú, Armonía del arte de la Naturaleza!
¡Tú, Espejo en el que, como en el esplendor del sol,
se ven gloriosas todas las figuras sobre las que miras!
Sí: incluso las opacas palabras que te oscurecen ahora
brillan, cual relámpagos, con desacostumbrado fulgor;
te ruego que borres de esta triste canción
toda su excesiva mortalidad y error
con esas claras gotas que surgen, como sagrado rocío,
de las luces gemelas a través de las cuales se ensombrece
tu alma, llorando hasta que la tristeza éxtasis se vuelva;
y entonces sonríe sobre ella, de modo que morir no pueda.

---

[1] El poema está dirigido a Emilia Viviani, joven que había sido encerrada en un convento.

Jamás imaginé que llegaría a ver antes de mi muerte
el sueño de mi juventud encarnado con tanta perfección.
Emily, te amo, aunque el mundo con ningún nombre piadoso
esconderá a ese amor de su despreciada vergüenza.
¡Ojalá hubiésemos sido gemelos de una misma madre,
o que el nombre que mi corazón prestó a otra
pudiese un vínculo de hermanas ser para tú y ella,
fusionando así dos rayos de una sola eternidad!
Aunque fuesen lo uno verdad y lo otro lícito,
estos nombres, aunque caros, no podrían pintar debidamente
cuán lejos de todo refugio soy tuyo. ¡Ay de mí!
No soy tuyo: soy una parte de ti.

                    ¡Hermoso Candil!, mi musa,
cual una mariposa nocturna, en ti se ha quemado las alas;
mas, como un cisne moribundo que vuela y canta,
el joven Amor le enseñará al Tiempo, en su propio gris estilo,
todo lo que eres. ¿No eres alguien desprovisto de malicia,
un alma hermosa formada para bendecir y ser bendecida;
un manantial de sellada y secreta felicidad
cuyas aguas son como alegre luz y música
que vencen disonancia y oscuridad; una estrella
solitaria e inmóvil en los cielos que se mueven;
una sonrisa entre sombríos ceños; una suave melodía
entre rudas voces; una figura amada;
una soledad, un refugio, un deleite; un laúd
en el que aquellos que han sido instruidos por el amor
ejecutan una música capaz de aliviar el más duro día
y de arrullar toda cara desdicha; un tesoro enterrado;
una cuna de jóvenes pensamientos de placeres sin alas;
una tumba de aflicción por violetas amortajada?
Recorro el mundo de las fantasías, buscando una como tú,
y sólo encuentro, ¡ay!, mi propia debilidad.

Ella me conoció, Extraño, en el duro camino de la vida
y me atrajo hacia la dulce muerte así como la Noche por el Día,
el Invierno por la Primavera o la Tristeza por la veloz Esperanza
son conducidos hacia la luz, la vida y la paz.
Un antílope, en el suspendido impulso de su ligereza,
sería menos etéreamente leve; el brillo
de su divina presencia tiembla a través
de sus miembros, así como bajo una nube de rocío
formada en los cielos sin vientos de junio,
entre las estrellas esplendorosamente aladas,
la luna arde inextinguiblemente bella;
y de sus labios, cual de un jacinto colmado
de meloso rocío, se derrama un murmullo líquido

que anega los sentidos con una pasión tan dulce
como notas de música planetaria en trance oída.
En sus tiernos ojos los espíritus estelares danzan,
los rayos solares de esas fuentes que siempre saltan
bajo los relámpagos del alma, demasiado profundos
para la corta sonda de los sentidos o del pensamiento.
La gloria de su ser, al manar de ellos,
tiñe el aire vacío, frío y muerto
con una cálida sombra de armoniosa mezcla
hecha, por el Amor, de luz y movimiento:
una intensa difusión, una serena omnipresencia,
cuyos vivos contornos se confunden, fluye
en torno a sus mejillas y a sus dedos encendidos
con la sangre que sin interrupción allí tiembla
(igual a como tras una masa de aire níveo
tiembla el pulso carmesí de la viva mañana),
prolongándose continuamente y sin jamás finalizar,
hasta que se pierde y se mezcla con esa Belleza
que penetra, abraza y llena el mundo,
apenas visible debido a su extremada hermosura.
Cálidas fragancias parecen derramarse de su leve vestimenta
y de sus sueltos cabellos, y, allí donde alguna pesada trenza
se desata por el ímpetu de su propia velocidad,
la dulzura parece saciar al viento desfalleciente
y en el alma un aroma salvaje se siente,
más allá de los sentidos, como ardiente rocío
fundiéndose en el seno de un helado brote.
¡Dirigid la mirada hacia ella! Una forma mortal
dotada con el amor, la luz, la vida y la divinidad,
con un movimiento que puede cambiar mas nunca morir;
una imagen de alguna brillante Eternidad;
una sombra de algún Sueño dorado;
un Resplandor que deja a la tercera esfera sin piloto;
un tierno reflejo de la eterna luna del Amor,
bajo cuya influencia se mueven las lentas olas de la vida;
una Metáfora de la Primavera, la Juventud y la Mañana;
una Visión de abril encarnado señalándole,
con sonrisas y lágrimas, al hielo el camino
hacia su tumba de verano.

¡Oh!, ¡ay de mí!

¿A qué me he atrevido?, ¿a dónde me he elevado?,
¿cómo podré descender sin perecer?
Sé que el Amor hace a todas las cosas iguales;
he oído con mi propio corazón esta dichosa verdad afirmada:
hasta el espíritu del gusano bajo tierra,
en amor y adoración, se funde con Dios.

¡Esposa!, ¡Hermana!, ¡Ángel!, ¡Conductora de mi Destino,
cuyo curso ha carecido tanto tiempo de estrellas!
¡Oh, demasiado tarde amada! ¡Oh, demasiado pronto adorada!
Pues recién en los campos de la inmortalidad
mi espíritu por vez primera debería haber adorado al tuyo,
una presencia divina en un lugar divino,
o debería haberse movido junto a él en esta tierra,
como una sombra de esa substancia,
desde su nacimiento, mas no ahora. Te amo;
sí, siento que en la fuente de mi corazón un sello es puesto
a fin de conservar sus aguas puras y brillantes para ti,
puesto que en esas lágrimas encuentras deleite.
¿Acaso no estamos formados tal como las notas musicales
lo están, los unos para los otros, aunque disímiles,
de esa diferencia sin discordia que puede generar
esos dulces sonidos en los cuales los espíritus se agitan
como hojas temblorosas bajo un viento continuo?

Tu sabiduría habla en mí y me impulsa a iluminar
esas rocas en las que tantos grandes corazones naufragan.
Nunca fui parte de esa multitudinaria secta
cuya doctrina reza que cada uno debe elegir
de entre el montón a una mujer o a un amigo
y a todo el resto, aunque bello y sabio,
encomendarlo a un frío olvido, si bien tal es el código
de la moral moderna, el trillado camino
que tantos pobres esclavos con cansinos pasos transitan,
aquellos que viajan a su hogar entre los muertos
por la ancha carretera del mundo y que así
encadenados a un solo amigo, quizás un celoso enemigo,
el más largo y temible viaje efectúan.

El verdadero Amor se diferencia en esto del oro
y la arcilla: en que dividir no es quitar.
El Amor es como el entendimiento, que se fortalece
contemplando muchas verdades; es como tu luz,
¡Imaginación!, que, surgiendo de la tierra, del cielo
y de las profundidades de la fantasía humana
como si fuese desde mil prismas y espejos,
colma el universo de gloriosos rayos y mata
al Error, el gusano, con muchas luminosas flechas
de su reverberado relámpago. Estrecho es
el corazón que ama, el cerebro que contempla,
la vida que consume y el espíritu que crea
un objeto y una forma y que con eso
un sepulcro para toda su eternidad construye.

La mente se diferencia más de su objeto en esto,
como el mal del bien, la miseria de la felicidad,
lo más bajo de lo más noble, o lo impuro
y lo frágil de lo que es puro y debe durar.
Si divides sufrimiento y aflicción, puede
que los disminuyas hasta que desaparezcan;
si divides placer, amor y pensamiento,
cada parte excederá a la totalidad; y no sabemos
cuánto, mientras algo permanece aún sin compartir,
puede de placer ganarse y de tristeza evitarse.
Esta verdad es la profunda fuente de la que los sabios
extrajeron la no envidiada luz de la esperanza, la eterna ley
por la cual viven aquellos para quienes este mundo de vida
es como un jardín en ruinas, y cuya lucha cultiva,
por la promesa de un futuro nacimiento,
la desolación de esta tierra elísea.

Hubo un Ser con quien mi espíritu a menudo
se cruzó en sus vagabundeos oníricos,
durante la clara y dorada aurora del amanecer
de mi juventud, en islas de hadas de soleado césped,
entre montañas encantadas, en el interior de cuevas
de divino ensueño y en etéreos mares
de maravillosa fantasía cuyas trémulas superficies
sostenían sus livianos pasos; en una costa imaginada,
bajo el gris pico de un alto promontorio,
la vi por vez primera, ataviada en tal excedente gloria
que apenas pude contemplarla. En las soledades
su voz me llegaba a través de los susurrantes bosques,
y desde los manantiales, y desde las profundas fragancias
de flores que, como labios murmurando entre sueños
cosas sobre los dulces besos que hasta allí los han arrullado,
susurraban sólo de ella al aire enamorado,
y desde las brisas ya leves o tumultuosas,
y desde las lloviznas de cada nube pasajera,
y desde el gorjear de aves veraniegas,
y desde todo sonido y todo silencio. En las palabras
de antiguo verso y de elevado romance; en toda forma,
sonido y color; en todo lo que detiene a esa Tormenta
que con el destruido presente al pasado sofoca;
y en aquella filosofía superior cuyo gusto
hace de este frío infierno común, nuestra vida,
una condena tan gloriosa como un ardiente martirio,
su Espíritu era la armonía de la verdad.
Entonces, de las cavernas de mi soñadora juventud,
salté como uno calzado con plumas de fuego
y hacia la estrella guía de mi único deseo

me lancé, como una aturdida polilla cuyo vuelo
semeja el de una hoja marchita en el crepúsculo
mientras busca, en la poniente esfera de Héspero,
una muerte resplandeciente y un ardiente sepulcro
cual si aquel fuese un candil de llama terrena.
Pero ella, que no podía ser ablandada por súplicas o lágrimas,
pasó, como un dios entronizado en un planeta alado
cuyas flamígeras plumas decuplican su velocidad,
hacia el lóbrego cono de la sombra de nuestra vida;
y, como un hombre atribulado por una gran pérdida,
me disponía a seguirla, aunque la tumba en el medio
como un abismo poblado de invisibles espectros se abría,
cuando una voz dijo: «¡Oh, tú, de entre los corazones
el más débil: junto a ti está el fantasma que buscas!».
Dije entonces: «¿Dónde?», y el eco universal respondió:
«¡Dónde!», y en ese silencio, y en mi desesperación,
pregunté a cada viento sin lengua que fluyó
sobre mi negra torre de luto si sabía
hacia dónde había huido esta alma de mi alma,
y murmuré nombres y hechizos que tienen control
sobre los ciegos tiranos de nuestros destinos,
pero ni verso ni plegaria pudieron disipar
la noche que sobre ella se había cerrado ni destruir
ese mundo dentro de este Caos, lo mío y yo,
del cual ella era la velada Divinidad,
el mundo de los pensamientos que la adoraban.
Y entonces seguí adelante, con esperanza y miedo,
con cada tierna pasión en una agonía de muerte,
y alimentando mi curso con el aliento de la expectativa,
hacia el invernal bosque de nuestra vida;
y debatiéndome en vano a través del error,
y tropezando en mi debilidad y en mi prisa,
medio aturdido por las nuevas formas que allí veía,
pasé, buscando entre sus rústicos habitantes
si podía encontrar alguna forma que a la de ella se asemejase
y tras la cual pudiese haberse enmascarado para evitarme.
Allí Una, cuya voz era envenenada melodía, sentábase
junto a un manantial, bajo una azul glorieta de sombra nocturna;
el aliento de su engañosa boca era como de flores marchitas,
su contacto era como veneno eléctrico,
de sus miradas fuego a mis órganos vitales llegaba,
y de sus vivas mejillas y de su pecho brotó
un aire mortal que como meloso rocío atravesó
el centro de mi verde corazón y sobre sus hojas
reposó hasta que, como cabello encanecido
sobre una frente joven, estas ocultaron,
bajo ruinas intempestivas, su aún latente juventud.

En muchas formas mortales temerariamente busqué
la sombra de ese ídolo de mi pensamiento.
Y algunas eran bellas, pero la belleza muere;
otras eran sabias, pero las palabras enmeladas traicionan;
y una era fiel... ¡oh!, ¿por qué no fiel a mí?
Entonces, como un ciervo que, perseguido en cacería,
no puede huir, volví a mis pensamientos
y me quedé allí, inmóvil, herido, débil, jadeante;
y el frío día tembló, apiadado de mi lucha y mi dolor,
cuando, como un atardecer despejándose, nuevamente brilló
la liberación. En mi camino apareció Alguien[2] que se veía
tan similar a la gloriosa forma con la que había soñado
como lo es la Luna, cuyos cambios siempre se siguen
unos a otros, al eterno Sol; sí, la fría y casta Luna,
aquella Reina de las brillantes islas del Cielo
que a todo aquello sobre lo que sonríe vuelve bello,
aquel errante relicario de suave aunque helada llama
que siempre se transforma si bien el mismo sigue siendo
y que no calienta pero ilumina. Joven y hermosa
como el Espíritu descendido de esa esfera,
me ocultó, como la Luna a la noche puede ocultar
de su propia oscuridad, hasta que todo quedó brillante
entre el Cielo y la Tierra de mi calma mente;
entonces, como una nube conducida por el viento,
me llevó a una cueva en ese bosque desolado
y a mi lado se sentó, con su rostro hacia abajo inclinado
iluminando mis sueños, igual a la Luna
creciendo y menguando sobre Endimión.[3]
Y yo me quedé dormido, en cuerpo y espíritu,
y todo mi ser brillaba o se apagaba,
como el reflejo de la Luna sobre un mar estivo,
según si ella sobre mí sonreía o con ceño miraba.
Y allí yací, en un frío y casto lecho,
y, ¡ay!, no estaba entonces ni vivo ni muerto,
pues a su argéntea voz la Vida y la Muerte vinieron,
olvidando su acostumbrada rivalidad, en forma
de dos bebés gemelos, un hermano y una hermana,
las errantes esperanzas de una madre abandonada,
y en el interior de la caverna volaron sin alas
y gritaron: «¡Lejos de aquí!, ¡él no está en nuestras filas!».
Lloré, y, aunque fuera un sueño, aún lloro.

---

[2] Se refiere aquí a Mary Shelley, a quien personificará en este poema como la Luna, reservando el Sol a Emilia Viviani y un Cometa a Claire Clairmont, la media hermana de Mary. A su primera esposa, Harriet Westbrook, hizo alusión como Una en la página anterior.

[3] Según un mito griego, Zeus sumió al joven pastor Endimión en un sueño eterno a fin de que Selene, perdidamente enamorada de él, pudiese visitarlo todas las noches en el monte Latmos.

¿Qué tormentas sacudieron entonces el océano de mi sueño,
borroneando esa Luna cuyos pálidos y menguantes labios
se encogieron como en la enfermedad del eclipse?
¿Cómo se asemejó mi alma a un mar sin luz?
¿Quién fue su Tempestad? Y cuando Ella,
el Planeta de esa hora, se extinguió, ¿qué helada
se arrastró sobre esas aguas hasta que de costa a costa
los constantes oleajes de mi ser cayeron,
inmóviles, en una glacial muerte de hielo? Y luego,
¿qué terremotos los hicieron abrirse y dividirse,
la blanca Luna sonriendo todo el tiempo sobre ellos?
Estas palabras oculto; si no, cada una de ellas sería
una llave para amargas lágrimas. ¡No lloréis por mí!

Finalmente, en el oscuro bosque apareció
la Visión que había yo buscado entre vergüenza y dolor.
A través de esa invernal frondosidad de espinas
surgió de su movimiento un resplandor
similar al del Amanecer, y de su presencia vida fue irradiada
por entre la gris tierra y las desnudas y muertas ramas,
de modo que su camino enlosado y techado quedó
con flores tan tiernas como pensamientos de naciente amor;
y de su respiración una música cual luz se esparció,
y todos los demás sonidos penetrados fueron
por el pequeño, tranquilo y suave espíritu de ese sonido,
de modo que los salvajes vientos enmudecieron alrededor;
y fragancias cálidas y frescas de sus cabellos brotaron,
disolviendo el pesado frío del aire helado.
Suave como una encarnación del Sol
cuando la luz se torna amor, este glorioso Ser
hacia la caverna en la que yo yacía flotó;
allí llamó a mi espíritu y la dormida arcilla
elevada fue, así como el humo lo es por el fuego,
por aquello que dentro suyo soñaba, y en el resplandor
de su belleza me erguí, sintiendo que, al fin, el amanecer
de mi larga noche penetraba con luz viviente en mí;
supe entonces que se trataba de la Visión que de mí había sido
velada durante tantos años... que se trataba de Emily.

¡Claras Esferas de luz que rigen esta pasiva Tierra,
este mundo de amor, este yo, y que despiertan
a todos sus frutos y flores a la vida, mientras lanzan
magnético poder hacia el corazón que yace en su centro;
que elevan sus olas y sus brumas; que guían,
por leyes eternas, a cada viento y marea
hacia su nube apropiada y su cueva designada;
que arrullan sus tormentas, en las montañosas tumbas

que fueran sus cunas, atrayendo hacia lánguidas glorietas
a los ejércitos de chaparrones por arco iris alados;
y que, como esas luces desposadas que, desde las torres
del cielo, vigilan y cubren este errante globo
con límpido sueño y esplendor como con un manto
y que toda su variada influencia mezclan,
diferente si bien igual, para un noble fin,
así ustedes gobiernan noche y día, oh, brillantes regentes,
con alternado dominio, la esfera de mi ser!
¡Tú, sin desdeñar ni aun un poder prestado,
y tú, sin eclipsar una luz más remota,
a través de la sombra de las tres estaciones,
de la Primavera a la marchita vejez del Otoño,
iluminadlo hasta el Invierno de la tumba,
donde quizás madure a un más brillante florecer!
¡Y también tú, oh, Cometa hermoso y feroz,
que atrajiste el corazón de este frágil Universo
hacia el tuyo hasta que, destruido por esa convulsión,
alternando atracción y repulsión, el tuyo
extraviado se alejó y el otro desgarrado quedó:
flota nuevamente en nuestro azul firmamento
y sé allí la plegada estrella del amor en tu retorno!
El fulgente Sol te alimentará de su urna
de dorado fuego; la Luna velará su cuerno
ante tus últimas sonrisas; los devotos Anochecer y Amanecer
te rendirán culto con un incienso de calmo aliento,
con luces y sombras; y, así como sobre el corazón
se apilan las ofrendas cuando la estrella de la Muerte
y el Origen es adorada por esos insanos hermanos
llamados Miedo y Esperanza, así de este sacrificio divino
un Mundo será el altar.

                  Dama mía, no desprecies
estas flores del pensamiento, el fugaz brote
que de su soberano corazón da aquella planta
cuyos frutos, madurados bajo tus soleados ojos,
serán como los de los árboles del Paraíso.

El día ha llegado y tú conmigo volarás.
Para todo lo que de deslucida mortalidad
es mío, permanece aún como una hermana vestal;
a lo intenso, lo profundo, lo imperecedero,
no mío, sino en mí, únete de ahora en más
incluso como una novia, deleitando y en deleite.
La hora ha llegado: ha ascendido la estrella señalada
para descender sobre una prisión vacía. Los muros
son altos, las puertas son resistentes, numerosos

son los centinelas, mas nunca aún el verdadero Amor
fue detenido por esos medios: sobrepasa toda barrera,
como el relámpago cuando con invisible violencia
traspasa su continente; como el aliento libre del cielo,
que no puede ser retenido por aquel que lo atrapa;
o como la Muerte, que cabalga sobre un pensamiento
y se abre paso a través de templo, torre, orden de palacio
y de armas; y más fuerza tiene el Amor que ellos o ella,
pues puede incluso derribar su osario y liberar
a los miembros en cadenas, al corazón en agonía
y al alma en polvo y caos.

                        Emily,
una nave está aguardando en el puerto ahora
y un viento se cierne sobre la cima de aquella montaña;
un sendero se abre en el azulado suelo del mar
y ninguna quilla ha surcado esa senda aún;
los alciones vuelan en torno a las islas sin espuma,
el traicionero Océano renuncia allí a sus ardides
y los alegres marineros son audaces y libres;
dime, hermana de mi corazón, ¿navegarás conmigo?
Nuestra barca es como un albatros
y su nido es un distante Edén del florido Este;
entre sus alas nos sentaremos, mientras que la Noche,
el Día, la Tormenta y la Calma seguirán de cerca su vuelo,
como nuestros ministros, a lo largo del mar sin límites,
pisándose los talones los unos a los otros sin saberlo.
Dicho nido es una isla situada bajo los cielos jónicos,
hermosa como un perdido resto del Paraíso,
y, puesto que sus puertos no son seguros ni buenos,
es una tierra que ha permanecido en soledad
excepto por unos pastores de allí nativos
que del claro, elíseo y dorado aire
respiran el último espíritu de la Edad de Oro,
simples y vivaces, inocentes y audaces.
El azul Egeo circunda este hogar escogido
con un sonido, una luz y una espuma que siempre cambian,
besando las esparcidas arenas y las blancas cavernas;
todos los vientos que por las costas vagan
ondulan de consuno con la ondulante marea;
hay densos bosques en los que habitan formas selváticas,
y muchas fuentes, arroyuelos y estanques
tan claros como diamante elemental
o sereno aire matinal; algo más adentro,
los musgosos senderos abiertos por ciervos y cabras,
y que el rústico pastor pisa sólo una vez al año,
se introducen en claros, cavernas, umbrías

y cámaras tapizadas de hiedra que son iluminadas
por cascadas que producen un sonido que nunca muere
y que a los ruiseñores diurnos acompaña;
y todo el lugar se ve poblado por dulces brisas;
el diáfano y claro elemento con el que la isla se colma
se torna pesado con la fragancia de flores de limón
que flota como una neblina cargada de invisibles chaparrones
y que cae sobre los párpados como un débil sueño;
desde el musgo debajo, violetas y junquillos observan
y lanzan sus aromáticos dardos al cerebro
hasta que uno puede desmayarse con ese delicioso dolor;
y cada movimiento, fragancia, luz y tono
con esa profunda música va al unísono,
lo que es un alma dentro del alma, y nos impulsa
a creerlos los ecos de un sueño prenatal.
Es una isla entre el Cielo, el Aire, la Tierra y el Mar,
acunada y suspendida en transparente serenidad,
brillante como aquel Lucifer que por el Edén vagara,
bañada por suaves y azules océanos de joven aire.
Es un paraje bienaventurado: Hambre o Ruina,
Peste, Guerra o Terremoto nunca se posan
sobre los picos de sus montañas; los ciegos buitres
pasan de largo volando en su fatal camino;
las aladas tormentas, entonando sus salmos de trueno
hacia otras tierras, dejan azules abismos de calma
sobre esta isla, o se disuelven llorando un rocío
con el cual los campos y los bosques
siempre su verde y dorada inmortalidad renuevan.
Y del mar se elevan y del cielo caen
claras exhalaciones, suaves y brillantes,
velo tras velo, cada una ocultando algún deleite
que el sol, la luna o el céfiro descubren,
hasta que la belleza de la isla, como una novia desnuda
brillando a un tiempo con amor y hermosura,
tiembla y se ruboriza ante su propio exceso.
Mas, como una luz sepultada, un Espíritu hay
que arde en el corazón de esta deliciosa isla,
un átomo de lo Eterno, que su propia sonrisa
despliega y que puede ser sentido, aunque no visto,
sobre las grises rocas, las azules olas y los verdes bosques,
llenando los intersticios desnudos y vacíos.
Pero la principal maravilla de aquel paraíso
es una solitaria morada, edificada cómo o por quién
ninguno de los rústicos isleños sabe;
no es una torre fortificada, aunque en altura
a los bosques sobrepasa, sino que para mero deleite
de algún sabio rey del Océano, antes de que el crimen

hubiese sido inventado en la temprana juventud del mundo,
fue levantada, asombro de esos sencillos tiempos,
envidia de las demás islas, un hogar de placer
consagrado a su esposa y hermana.
No parece ahora un vestigio de arte humano,
sino, más bien, de arte titánico, como si en el corazón
de la Tierra hubiese su forma asumido para elevarse
luego de entre las montañas, desde la roca viva,
y erguirse en cavernas luminosas y altas,
pues todas sus antiguas y sabias esculturas
se han borrado y en su lugar la hiedra
y la enredadera silvestre entrelazan
la profusión de sus retorcidas ramas;
flores parásitas iluminan con gemas de rocío
los salones sin lámparas, y, cuando se marchitan,
el cielo se asoma por entre sus invernales tejidos de tracerías
con parches de luz lunar, con agudas moléculas estelares
o con fragmentos de la intensa serenidad del día
y labra así luminosos mosaicos en los suelos parios[4];
y día y noche, lejos, desde las altas torres y las terrazas,
la Tierra y el Océano parecen dormir
el uno en los brazos del otro y soñar de olas, flores,
nubes, bosques, rocas y todo aquello que nosotros
leemos en sus sonrisas y llamamos Realidad.

La isla y la casa son mías, y he querido
que seas tú la dama de aquella soledad.
He acondicionado algunos aposentos allí
que miran hacia el dorado aire del Oriente,
a la altura de los vivos vientos que fluyen
como olas sobre las vivas olas debajo.
He enviado libros, música y todos
aquellos instrumentos con los que los altos espíritus
llaman al futuro de su cuna, al pasado
de su tumba, y que hacen al presente durar
en pensamientos y goces que duermen pero que morir
no pueden, envueltos en su propia eternidad.
Nuestra simple vida poco necesita, y el verdadero gusto
no alquila al pálido esclavo Lujo para malograr
el sitio que debería ornar, de manera que aún
la Naturaleza, con toda su estirpe, ronda la colina.
La paloma torcaz, en la frondosa hiedra, todavía
entona su lamento amoroso; el búho revolotea
en torno a la torre nocturna; jóvenes estrellas se asoman
por entre los veloces murciélagos en su danza crepuscular;

---

4 Alusión al preciado mármol que se extraía de la isla griega de Paros, una de las Cícladas.

y el manchado ciervo se reconforta en la fresca luz lunar
frente a nuestra puerta mientras la lenta noche silenciosa
es medida por los alientos de su calmo sueño.
Que sea este nuestro hogar en vida; y cuando los años
amontonen sus marchitas horas, como hojas,
sobre nuestro polvo, volvámonos el suspendido día,
el alma viviente de esta isla elísea,
conscientes, inseparables, uno. Mientras tanto,
los dos nos sentaremos, nos levantaremos y caminaremos
juntos, bajo el techo de ese azul clima jónico,
y vagaremos por los prados; o ascenderemos
por los musgosos montes donde los despejados cielos
se inclinan con vientos más leves para acariciar a sus amantes;
o nos demoraremos donde la costa enlosada con guijarros,
bajo los suaves y veloces besos del mar,
tiembla y centellea como en éxtasis,
a un tiempo posesores y poseídos por todo lo que se halla
dentro de la apacible circunferencia de la felicidad,
y el uno por el otro, hasta que amar y vivir
sean lo mismo. O, a la hora del mediodía, iremos
a alguna vieja caverna que parezca aún conservar,
adormecida, la luz lunar de la noche que expiró
y a través de la cual el despierto día nunca pueda asomar,
un velo para nuestra soledad, cerrado como el de la noche,
donde el seguro sueño podrá matar tus inocentes ojos,
el sueño, ese fresco rocío de un lánguido amor, la lluvia
cuyas gotas aplacan los besos hasta que estos arden de nuevo.
Y conversaremos hasta que la melodía del pensamiento
se torne demasiado dulce para ser pronunciada y muera
en las palabras para revivir en las miradas, que cual dardos
volarán con conmovedores tonos hacia el corazón sin voz,
armonizando el silencio sin un solo sonido.
Nuestros alientos se entremezclarán, nuestros pechos
se unirán, nuestras venas latirán juntas, nuestros labios,
con una elocuencia no de palabras, eclipsarán
el alma que entre ellos arde, y las fuentes
que hierven bajo las más íntimas células de nuestro ser,
las fuentes de nuestra más profunda vida,
se confundirán en la dorada pureza de la Pasión,
como manantiales de montaña bajo el sol que despunta.
Nos volveremos lo mismo, seremos un solo espíritu
en dos cuerpos... ¡oh!, ¿para qué dos?
Una pasión en corazones gemelos, creciendo
hasta que, como dos meteoros de llamas que se expanden,
esas esferas del instinto se vuelvan lo mismo,
se toquen, se mezclen y se transfiguren,
por siempre ardiendo, aunque por siempre inconsumibles,

encontrando alimento el uno en la sustancia del otro,
como llamas demasiado puras, luminosas y perfectas
para nutrir sus brillantes vidas con presas inferiores,
mientras apuntan al cielo sin poder nunca apagarse;
una esperanza en dos voluntades, una sola voluntad
bajo dos mentes desfallecientes, una vida, una muerte,
un Cielo, un Infierno, una inmortalidad
y una aniquilación. ¡Ay de mí! Las aladas palabras
con las que mi alma querría irrumpir
en las alturas del sublime Universo del Amor
son cadenas de plomo alrededor de un vuelo de fuego...
¡palpito, me hundo, tiemblo, expiro!

* * *

Débiles versos, vayan, arrodíllense a los pies
de su Soberana y digan: «Somos los amos de tu esclavo,
¿qué deseas de nosotros y de aquel que es tuyo y nuestro?».
Llamen luego a sus hermanas, fuera de la caverna del Olvido,
cantando alto: «El dolor del Amor es grato,
pero su recompensa está en el mundo divino,
que, si no aquí, surge más allá de la tumba».
Así vivirán cuando yo esté allí. Luego apresúrense
sobre los corazones de los hombres hasta que encuentren
a Marina, a Vanna, a Primus y al resto, y hagan
que se amen los unos a los otros y que sean dichosos;
y abandonen a la tropa que se equivoca y reprueba;
y vuelvan a mí y sean mis huéspedes, pues yo lo soy del Amor.

Adonais

I

Lloro por Adonais... ¡está muerto!
¡Oh, llorad por Adonais, aunque nuestras lágrimas
no derritan el hielo que aprisiona una cabeza tan amada!
Y tú, triste Hora, de entre todos los años seleccionada
para nuestra pérdida lamentar, despierta a tus oscuras
compañeras, enséñales tu propia tristeza y di:
«¡Conmigo murió Adonais; hasta que el Futuro se atreva
a olvidar el Pasado, su fama y su destino serán
un eco y una luz por toda la eternidad!».

II

¿Dónde estabas tú, poderosa Madre, cuando él yacía,
cuando tu Hijo yacía, atravesado por la flecha que voló
en la oscuridad? ¿Dónde estaba la desdichada Urania
cuando moría Adonais? Con sus ojos velados,
entre atentos Ecos, sentada en su Paraíso se hallaba,
mientras uno de ellos, con suave aliento enamorado,
volvía a encender todas las marchitas melodías
con las que, como flores que se burlan del cadáver debajo,
había él la ya cercana sombra de la Muerte escondido y adornado.

III

¡Oh, llorad por Adonais!... ¡está muerto!
¡Despierta, melancólica Madre, despierta y llora!
Mas ¿para qué? Reprime en su ardiente lecho
tus urentes lágrimas y deja que tu ruidoso corazón
mantenga, como el suyo, un mudo sueño sin quejas,
pues se ha ido a donde todas las cosas sabias y nobles
descienden. ¡Oh!, no sueñes con que la Profundidad
lo restituya alguna vez al aire vital: la Muerte
se alimenta en su muda voz y ríe ante nuestra desesperación.

IV

Tú, la más musical de entre quienes se lamentan, ¡llora de nuevo!,
¡vuelve a lamentarte, Urania! Pues también murió otro,
aquel que fuera el Padre de un linaje inmortal,
ciego, viejo y solo, cuando el orgullo de su país,
por sacerdote, esclavo y liberticida, fue pisoteado
y escarnecido mediante muchos abominables ritos
de lujuria y de sangre; él penetró, sin miedo,
en el abismo de la muerte, pero su claro espíritu
aún reina sobre la tierra, el tercero entre los hijos de la luz.[1]

---

[1] Alusión a John Milton, según Shelley el tercer gran poeta épico tras Homero y Dante.

V

Tú, la más musical de entre quienes se lamentan, ¡vuelve a llorar!
No todos a aquella brillante condición se atrevieron a escalar,
y dichosos aquellos que conocieron su propia felicidad
y cuyas velas aún arden en esa noche de los tiempos
en la que soles enteros murieron; otros más sublimes,
golpeados por la envidiosa ira ya de hombres o de dioses,
han desaparecido, extintos en su refulgente apogeo;
y algunos aún viven, transitando el espinoso camino
que conduce, a través de labor y odio, a la serena morada de la Fama.

VI

Pero ahora el más joven, el más amado por ti, ha muerto,
aquel al que amamantaste estando viuda[2] y que creció
como una frágil flor que, cuidada por alguna triste doncella,
fue regada con lágrimas de amor en lugar de rocío nocturno.
Tú, la más musical de entre quienes se lamentan, ¡vuelve a llorar!,
pues tu mayor esperanza, la última y la más hermosa,
la flor cuyos pétalos ya antes de abrirse se helaron,
murió en la promesa del fruto, se ha extinguido;
caído el roto lirio yace… la tormenta ha pasado.

VII

A aquella gran capital[3] en la que la majestuosa Muerte
reina con su pálida corte en belleza y corrupción
llegó él, y allí compró, al precio de su más puro aliento,
una tumba entre los eternos. ¡Alejaos, de prisa!,
mientras la límpida bóveda del azul día italiano
es aún su perfecta cripta y él todavía yace
como si tan sólo durmiese cubierto de rocío.
¡No lo despertéis!, pues de seguro se está saciando
de un profundo y suave descanso, olvidado de todo mal.

VIII

Ya no despertará más, ¡oh, nunca más!
En su cámara mortuoria se extiende con rapidez
la sombra de la blanca Muerte, y, a la puerta,
la invisible Corrupción aguarda para rastrear
su funesto camino hacia esa oscura morada;
el eterno Devorador espera, pero la piedad y el temor
ablandan su pálida rabia y no se atreverá a desfigurar
una presa tan bella sino hasta que las tinieblas y las leyes
del cambio sobre su sueño el telón de la muerte hayan echado.

---

[2] Según este pasaje, Urania, una de las nueve musas, la «musa celestial» que invocara Milton
al comienzo de *El paraíso perdido*, amamantó, viuda de este, a Keats como a su nuevo favorito.
[3] El cuerpo de John Keats fue enterrado en Roma, ciudad en la cual falleció.

IX

¡Oh, llorad por Adonais! Las ágiles Fantasías,
esas Ministras del pensamiento por la pasión aladas
que fueran sus rebaños, a quienes cerca de los vivaces arroyos
de su joven espíritu alimentó y a quienes enseñó el amor
que era su música, ya no vagan, ya no vagan más,
de ardiente cerebro a cerebro, sino que caen allí,
en el lugar del cual brotaron, y lamentan su destino
alrededor del frío corazón en el cual, tras su hondo dolor,
ya no reunirán más poder ni encontrarán morada otra vez.

X

Una de ellas, con temblorosas manos, tomó su fría cabeza,
la abanicó con sus vaporosas alas de luz lunar y gritó:
«¡Nuestro amor, nuestra esperanza, nuestra tristeza no ha muerto!
¡Mirad: en los sedosos bordes de sus ojos cerrados
reposa, como rocío sobre una flor dormida,
una lágrima que de su mente algún sueño ha soltado!».
¡Ángel extraviado de un Paraíso en ruinas! No supo
que esa lágrima era suya, mientras, sin dejar vestigio alguno,
se desvanecía como una nube que ha vertido ya su lluvia.

XI

Otra, con una cristalina ánfora de estrellado rocío,
lavó sus frágiles miembros como si los embalsamara;
otra cortó sus profusos rizos y colocó sobre ellos
una delicada corona que semejaba una guirnalda
a la que lágrimas congeladas en lugar de perlas adornaran;
y otra, que en su inmensa aflicción quiso romper
su arco y sus flechas aladas como para mitigar
una pérdida enorme con otra más soportable,
atenuó su punzante fuego contra esas mejillas heladas.

XII

Y un encendido Resplandor sobre su boca se posó,
sobre aquella boca de la que solía extraer el aliento
que le daba fuerzas para atravesar la mente fortificada
y penetrar en el palpitante corazón debajo
con relámpago y con música; la húmeda muerte
apagó sus caricias sobre esos helados labios,
y, como un agonizante meteoro que traza una estela
de vapor lunar a la que la fría noche pronto abraza,
brilló por sus pálidos miembros y pasó a un eclipse final.

XIII

Y otros vinieron: Deseos y Adoraciones,
aladas Persuasiones y Destinos velados,
Resplandores, Sombras, Fantasías crepusculares
y mortecinas Encarnaciones de miedos y esperanzas.
Y la Tristeza, con toda su familia de Suspiros,
y el Placer, cegado por las lágrimas y guiado por el brillo
de su propia sonrisa moribunda en vez de por sus ojos,
llegaron en lenta pompa, conmovedora procesión
que semejaba un desfilar de brumas sobre un arroyo de otoño.

XIV

Todo lo que había él amado, y en pensamientos moldeado
a partir de forma, matiz, suave sonido y fragancia,
se lamentó por Adonais. La Mañana buscó
su atalaya oriental, pero sus sueltos cabellos,
humedecidos por las lágrimas que debían adornar el suelo,
cubrieron los etéreos ojos con los que alumbra el día;
a lo lejos, el melancólico Trueno gemía,
el pálido Océano en un inquieto sueño yacía
y los Vientos soplaban alrededor, sollozando en su consternación.

XV

Eco, extraviada, vaga entre las montañas sin voz
y alimenta allí su triste aflicción rememorando su canto;
ya no responderá ella a vientos o a fuentes,
ni a enamoradas aves posadas sobre jóvenes ramas verdes,
ni al cuerno del pastor o a la campana del ocaso,
pues ya no puede imitar sus labios, mucho más amados
que aquellos por cuyo desdén consumiose ella
hasta la sombra de todo sonido volverse; un tenue murmullo
es todo lo que los leñadores, entre sus canciones, ahora oyen.[4]

XVI

El dolor enloqueció a la joven Primavera, que derribó
los capullos que brotaban, como si el Otoño ella fuese
o marchitas hojas ellos; puesto que su deleite se había ido,
¿para quién habría ella despertado al triste año a la vida?
Para Febo nunca fue tan querido Jacinto, ni para Narciso
su propia imagen, como para ambos lo fuiste tú,
Adonais; lánguidos y mustios permanecen ahora
entre los frágiles compañeros de su temprana edad,
con el rocío tornado lágrimas y el aroma vuelto inconsolable suspirar.

---

[4] La ninfa Eco se enamoró del joven Narciso y, tras ser desdeñada por él, se consumió de pena hasta que sólo quedó de ella la voz. Narciso, en castigo por ello, se enamoró de su propio reflejo y murió, tras lo cual se transformó, como Jacinto tras su muerte, en la flor que lleva su nombre.

XVII

Ni el hermano de tu espíritu, el desolado ruiseñor,
llora a su pareja con tan melodioso dolor,
ni el águila, que como tú es capaz de lanzarse
hacia el cielo y de nutrir en el dominio del sol
su poderosa juventud con la mañana, se queja,
volando y gritando en torno a su vacío nido,
como Albión por ti gime. ¡La maldición de Caín
caiga sobre aquel que traspasó tu inocente pecho
y espantó al alma angelical que era su morador terrenal![5]

XVIII

¡Oh, ay de mí! El invierno viene y se va,
pero la aflicción retorna con el girar del año;
las brisas y los arroyos renuevan sus alegres cadencias;
reaparecen las hormigas, las golondrinas, las abejas;
frescas flores y hojas adornan el féretro de la estación muerta;
las enamoradas aves en los matorrales se unen en parejas
y construyen sus musgosos nidos sobre los helechos
y en los campos; y el verde lagarto y la dorada serpiente,
como llamas puestas en libertad, de su pesado trance despiertan.

XIX

A través de bosque, arroyo, campo, colina y océano
una nueva vida ha surgido, con cambio y movimiento,
del corazón de la tierra, como siempre lo ha hecho
desde la gran aurora del mundo, cuando, por vez primera,
Dios iluminó el Caos; inmersas en su corriente,
las lámparas del cielo brillan con una luz más tenue
mientras, debajo, todas las demás cosas palpitan
con la sagrada sed de la vida, disipándose y agotando
en el deleite del amor toda la belleza y la dicha de su vigor renovado.

XX

El leproso cadáver, tocado por este tierno espíritu,
se exhala en flores de delicado perfume;
como encarnaciones de las estrellas cuando el resplandor
se torna fragancia, iluminan estas la muerte
y se burlan del apacible gusano que despierta debajo.
Ninguna cosa muere del todo. ¿Será sólo la mente
como una espada consumida fuera de su vaina
por un ciego relámpago? El intenso átomo
brilla un momento y en un frío reposo se extingue luego.

---

[5] Shelley culpa aquí por la prematura muerte de Keats, como lo hace en numerosos pasajes a
lo largo de toda esta elegía, al crítico anónimo que en la *Quarterly Review* atacó ferozmente al
poeta por su *Endimión* (si bien mucho más virulenta fue la crítica de la *Blackwood's Magazine*).

XXI

¡Ay!, ¡que todo lo que de él amábamos tenga que ser,
excepto por nuestra pena, como si jamás hubiese sido,
y la misma pena algo mortal! ¡Miserable de mí!
¿De dónde venimos?, ¿por qué somos?, ¿de qué escena
los actores o los espectadores? Lo grande y lo pequeño
se mezclan en la muerte, que presta lo que la vida debe solicitar.
En tanto los cielos azules sean, y verdes los campos,
el ocaso deberá anunciar a la noche, la noche traer el mañana,
el mes seguir al mes con aflicción, y el año despertar al año al dolor.

XXII

Él ya no despertará más, ¡oh, nunca más!
«¡Despierta —gritó la Miseria—, Madre sin hijos,
levántate de tu sueño y aplaca, en lo profundo de tu corazón,
una herida más mortal que la suya con suspiros y lágrimas!».
Y todos los Sueños que observaban los ojos de Urania,
así como todos los Ecos a quienes el canto de su hermana
había mantenido en sagrado silencio, gritaron: «¡Levántate!».
Y, veloz como un Pensamiento por la serpiente Memoria mordido,
el eclipsado Resplandor al punto abandonó su ambrosíaco descanso.

XXIII

Se alzó entonces como una Noche otoñal que surge
del remoto este y persigue, lóbrega y funesta,
al dorado Día que, en sus alas eternas,
como un espectro abandonando su féretro,
fría y muerta deja la tierra. La pena y el temor
así golpearon, así hirieron, así despertaron a Urania,
así la rodearon como con una oscura atmósfera
de tormentosa neblina y así la arrastraron por su camino
hacia el lúgubre sitio en el cual Adonais yacía.

XXIV

Fuera de su secreto Paraíso se apresuró,
a través de campos y de ciudades ásperas por la piedra,
el acero y los corazones humanos que, a su aéreo paso
no inclinándose, lastimaban las invisibles plantas
de sus tiernos pies donde quiera que estos se posaran;
y punzantes lenguas, y pensamientos aún más filosos que ellas,
desgarraron esa delicada Figura que no podían repeler
y cuyas sagradas gotas de sangre, cual jóvenes lágrimas de mayo,
pavimentaron ese indigno camino con flores eternas.

XXV

En la cámara mortuoria, la Muerte se avergonzó
por un momento frente a la presencia de ese Poder viviente
y se ruborizó hasta desvanecerse, de modo que el aliento
volvió a aquellos labios y la pálida luz de la Vida
brilló a través de esos miembros que fueran su caro deleite.
«¡No me dejes así turbada, triste y desconsolada,
como el silencioso relámpago deja a la noche sin estrellas!
¡No me dejes!», gritó Urania; su angustia despertó a la Muerte,
y esta, levantándose, se interpuso entre esas caricias vanas y el durmiente.

XXVI

«¡Quédate todavía un momento!, ¡háblame una vez más!,
¡bésame por tanto tiempo como un beso pueda durar!
¡Y en mi pecho descorazonado y en mi ardiente cerebro
esa palabra y ese beso a todos los demás pensamientos
sobrevivirán, manteniéndose vivos con el aliento
de la más triste memoria, ahora que estás muerto,
como si fuesen una parte de ti, mi Adonais!
Daría todo lo que soy por ser lo que tú eres ahora,
pero estoy encadenada al Tiempo, por lo cual morir no puedo.

XXVII

»¡Oh, dulce niño, hermoso como eras!,
¿por qué abandonaste los caminos vulgares del hombre
tan pronto y, con débiles manos mas poderoso corazón,
enfrentaste en su misma guarida al famélico dragón?
¡Ay, indefenso como estabas!, ¿dónde se hallaba entonces
el escudo espejado de la sabiduría o la lanza del desdén?
Si tan sólo hubieses esperado a completar el ciclo,
cuando tu espíritu hubiese llenado su creciente esfera,
los monstruos del yermo como ciervos de ti habrían huido.

XXVIII

»Los lobos en manada, sólo así audaces para perseguir;
los obscenos cuervos, clamorosos sobre los muertos;
los buitres, leales al estandarte del conquistador,
que se alimentan donde la Desolación se ha alimentado primero
y cuyas alas emanan contagio, ¡cómo huyeron
cuando, como Apolo con su dorado arco,
el Pitio[6] de esta época una flecha les lanzó sonriendo!
Los saqueadores no osan dar un segundo golpe,
sino que adulan el orgulloso pie que los doblega con desprecio.

---

[6] Pitio era un epíteto que se daba al dios Apolo por haber matado, de un flechazo, a la serpiente Pitón. El Pitio de la época no es otro que Lord Byron, que lanzó contra los críticos literarios de esos tiempos la sátira *English Bards and Scotch Reviewers*, a la que aquí alude Shelley.

XXIX

»El sol sale y miríadas de reptiles se engendran;
se pone luego y cada efímero insecto
es tomado por la muerte antes del nuevo amanecer
mientras las inmortales estrellas despiertan de sus sueños.
Así sucede también en el mundo de los hombres:
una mente divina se eleva, velando el cielo
y desnudando la tierra en su gozo, y, al caer,
los enjambres que compartían u opacaban su brillo
dejan a nuevas luces similares esa desolada noche del espíritu».

XXX

Así terminó ella, y los pastores de la montaña se acercaron,
marchitas sus guirnaldas, raídas sus capas mágicas.
El Peregrino de la Eternidad, cuya fama
como el cielo sobre su audaz cabeza se inclina,
un temprano pero inmortal monumento,
llegó, velando todos los relámpagos de su canto
en profunda aflicción; y desde sus bosques Ierne envió
al más dulce lírico que canta sus tristes infortunios:
el Amor le enseñó a la Pena a como música manar de su lengua.[7]

XXXI

Y, entre otras de menor nota, llegó una frágil Figura,
un fantasma entre los hombres, sin compañía alguna,
como la última nube de una tormenta que expira
y cuyo trueno es el canto fúnebre que su muerte anuncia.
Seguramente había contemplado la desnuda hermosura
de la Naturaleza, como Acteón[8], y ahora vagaba sin rumbo,
con débiles pasos, por las regiones desiertas del mundo,
mientras sus pensamientos, a lo largo de ese tempestuoso camino,
como perros rabiosos perseguían sin tregua a quien su padre y su presa era.

XXXII

Un Espíritu similar a un leopardo, hermoso y veloz;
un Amor enmascarado tras una desolación;
un Poder completamente ceñido por la debilidad,
apenas capaz de levantar el peso de la hora fatal;
una lluvia que cae, una vela que agoniza,
una ola que rompe... ¿no está rompiendo incluso ahora
mientras hablamos? Sobre la flor que se marchita,
el sol que la mata sonríe brillante; sobre una mejilla
la vida puede arder en sangre aun cuando roto el corazón dentro se halle.

---

[7] El Peregrino de la Eternidad es nuevamente Byron, mientras que el lírico de Ierne o Irlanda es el poeta Thomas Moore. En las siguientes cuatro estrofas Shelley hablará de sí mismo.

[8] Acteón fue devorado por sus perros como castigo por haber visto a la diosa Ártemis desnuda.

XXXIII

Su cabeza estaba coronada con marchitas trinitarias
y con violetas ajadas, blancas, azules y de tonalidades variadas;
una lanza liviana, rematada por una piña de ciprés
y alrededor de cuya asta oscuras trenzas de hiedra
aún goteaban por el rocío del atardecer del bosque,
vibraba mientras el siempre trémulo corazón
sacudía la débil mano que la empuñaba; de ese grupo
fue el último en llegar, aparte y olvidado, cual un ciervo
herido por la flecha del cazador y por su manada abandonado.

XXXIV

Todos se mantenían apartados, mas, al oír su parcial lamento,
sonrieron a través de sus lágrimas: bien conocía ese grupo
a aquel que en el destino de otro ahora el propio lloraba
y que en los acentos de una tierra desconocida
una nueva tristeza cantaba. La afligida Urania escrutó
el semblante del Extraño y murmuró: «¿Quién eres tú?».
Él no respondió, sino que, con un repentino movimiento,
descubrió su frente estigmatizada y ensangrentada
que semejaba la de Caín o la de Cristo. ¡Ah, si tan sólo fuese cierto!

XXXV

¿Qué voz tan delicada se calla ahora ante el muerto?[9]
¿Sobre qué frente cae ese oscuro manto?
¿Qué forma se inclina, semejante a una lápida funeraria,
triste y solitaria sobre aquel blanco lecho de muerte,
reprimiendo agónicos gemidos en su pecho atribulado?
Si es aquel, el más noble de los sabios,
que educó, alivió, amó y honró al que partió,
no me dejéis perturbar, con inarmónicos suspiros,
el silencio de ese corazón y su aceptado sacrificio.

XXXVI

¡Nuestro Adonais ha bebido veneno![10]
¡Oh!, ¿qué sordo y viperino criminal pudo colmar
la temprana copa de la vida con semejante ponzoña fatal?
El gusano sin nombre querría ahora librarse de culpas:
sintió, si bien la pudo eludir, la mágica melodía
cuyo preludio acallaba todo odio, mal y envidia
(excepto por los que aullaban en su pecho solo)
en el silencio de la expectativa por el canto
de cuyo amo la mano yace fría y en silencio la plateada lira.

---

[9] Esta estrofa está dedicada al poeta, crítico y ensayista Leigh Hunt, amigo que Shelley tenía
en común con Keats y que fue el que los presentó mutuamente en 1816.
[10] En este pasaje Shelley hace blanco nuevamente en el anónimo crítico de *Endimión*.

XXXVII

Mas ¡vive, tú, cuya infamia no es tu gloria!
¡Vive!, ¡no temas castigo más duro de mi parte,
tú, irrisoria mancha sobre un nombre inmortal!
Pero sé tú mismo y ten conciencia de lo que eres.
Y siéntete siempre libre para, cuando sea la temporada,
verter el veneno que de tus colmillos rebose.
El Remordimiento y la Humillación a ti se pegarán,
la ardiente Vergüenza tu secreta frente quemará,
y como un perro apaleado temblarás... así como tiemblas ahora.

XXXVIII

No lloremos por el que nuestro deleite haya huido
lejos de esas aves carroñeras que chillan debajo:
él vive o duerme ahora con los muertos eternos,
y tú no puedes elevarte a donde él está descansando.
El polvo vuelve al polvo, pero el espíritu puro
regresa a la luminosa fuente que su origen fuera,
como una porción de lo Eterno que brillará
a través del tiempo y del cambio, inextinguiblemente igual,
mientras tus frías ascuas sofocan el sórdido fuego de la vergüenza.

XXXIX

¡Soseguemos nuestra pena!, pues él no está muerto, ni duerme,
sino que simplemente ha despertado del sueño de la vida.
Somos nosotros quienes, perdidos en turbias visiones,
mantenemos con fantasmas una inútil contienda
y como verdaderos dementes golpeamos, con el puñal
de nuestro espíritu, invulnerables nadas. *Nosotros*
nos corrompemos como cadáveres en una cripta;
el miedo y la aflicción nos agitan y nos consumen día a día
y frías esperanzas pululan como gusanos sobre nuestra viva arcilla.

XL

Él ha sobrevolado la sombra de nuestra noche;
calumnia, envidia, odio, dolor, aflicción
y esa inquietud que los hombres denominan placer
ya no lo pueden tocar ni torturar otra vez;
del contagio del lento estigma del mundo
está a salvo ahora, y no podrá ya lamentar
un corazón endurecido o una cabeza encanecida en vano,
ni, cuando de arder haya terminado el espíritu mismo,
podrá llenar una urna por nadie llorada con frías cenizas sin brillo.

XLI

¡Está vivo!, ¡despierta!, ¡es la Muerte quien murió, no él!
¡No lloréis por Adonais! ¡Tú, joven Aurora,
torna todo tu rocío a esplendor, pues de ti
el espíritu por el cual te lamentabas no se ha ido!
¡Vosotras, cavernas, vosotros, bosques, dejad de llorar!
¡No gimáis ya, mustias flores, manantiales! ¡Y tú, Aire,
que cual un velo de luto tu oscuro tejido has arrojado
sobre esta tierra abandonada, déjala desnuda ahora
aun ante los gozosos astros que sonríen en medio de su congoja!

XLII

Él se ha vuelto uno con la Naturaleza, y su voz puede oírse
a través de toda la música de esta, desde cuando gime
el trueno hasta cuando canta aquella dulce ave nocturna.
Es una presencia que puede conocerse y sentirse
en la oscuridad y en la luz, en la hierba y en la piedra,
extendiéndose por donde quiera que pueda moverse
el Poder que ha absorbido el ser de Adonais en el suyo,
la Influencia que con incansable amor gobierna el mundo
brindándole un sostén por debajo e iluminando por encima su curso.

XLIII

Él es ahora una porción de la misma belleza
que alguna vez sus cantos hicieron más bella,
es una parte de la fuerza creadora del Espíritu
que recorre este mundo denso y sombrío
imponiendo nuevos cambios a sus formas,
torturando a la renuente materia que frena su vuelo
a fin de hacerla adoptar, tanto como sea posible,
su semejanza, y lanzándose, en toda su perfección y poder,
desde árboles, bestias y hombres hacia la eterna luz del cielo.

XLIV

Los resplandores que constelan el firmamento del tiempo
pueden eclipsarse mas nunca jamás extinguirse;
como estrellas, hacia su altura señalada se encumbran,
y la muerte es una baja neblina que no puede obliterar
el brillo que sí puede velar. Cuando el pensamiento elevado
transporta a un joven corazón por encima de su mortal morada
y el noble amor y la mezquina existencia luchan en su interior
para determinar su destino terreno, los muertos cobran vida
y pasan como vientos de luz atravesando un tempestuoso aire negro.

XLV

Todos los herederos de un truncado renombre
se alzaron de sus tronos, construidos más allá
del pensamiento mortal, lejos, en lo Invisible.
Chatterton se levantó pálido: su solemne agonía
aún no lo había dejado; Sidney, así como luchó,
así como cayó y así como vivió y amó,
sublimemente tranquilo, un espíritu sin mancha,
se irguió; y también Lucano, por su muerte celebrado;
y, mientras estos se ponían de pie, el Olvido se encogía avergonzado.[11]

XLVI

Y muchos más, cuyos nombres en la Tierra son oscuros
pero cuya influencia transmitida nunca morirá
en tanto el fuego sobreviva a la chispa primera,
se levantaron, ataviados en una deslumbrante inmortalidad.
«Te has vuelto uno de nosotros —clamaron—.
Ha sido por ti que aquella esfera sin rey ha por tanto tiempo
errado ciegamente en no ascendida majestad,
silente y sola en medio de un vasto Cielo de cantos.
¡Oh, Véspero de nuestro grupo, toma ya tu trono alado!».

XLVII

¿Quién se lamenta por Adonais? ¡Oh, aproxímate,
desdichado amigo, y conócete y conócelo bien!
Cubre con tu anhelante alma la suspendida Tierra
y, como desde un centro, lanza la luz de tu espíritu
más allá de los mundos, hasta que su inmenso poder
colme la vacía circunferencia; y luego encógete
a un punto dentro de nuestro día y nuestra noche
y mantén despreocupado tu corazón, no vaya este a hundirte
cuando la esperanza en ti surja y hacia el abismo te conduzca.

XLVIII

O dirígete a Roma, que es el sepulcro,
¡ay!, no de él, sino de nuestro gozo.
No importa que edades, religiones e imperios
allí descansen enterrados bajo las ruinas que causaron,
pues los que, como él, pueden ofrecer gloria no precisan
la de aquellos que hicieron del mundo su presa;
él está reunido con los reyes del pensamiento
que libraron una guerra contra la decadencia de su tiempo,
y al pasado pertenecen todos los que dejar de ser no pueden.

---

[11] Al igual que Keats (y, poco más tarde, que el mismo Shelley, que moriría un año después de escribir esta elegía), los poetas Thomas Chatterton (1752-1770), sir Philip Sidney (1554-1586) y Lucano (39-65) murieron a una temprana y promisoria edad.

XLIX

Dirígete a Roma, a un tiempo un paraíso,
una tumba, una ciudad y un yermo salvaje;
y allí donde sus ruinas como montañas desmoronadas
se yerguen, y una florida maleza y fragantes sotos
visten los desnudos huesos de la Desolación,
camina hasta que el espíritu del lugar
guíe tus pasos a una cuesta de verde acceso
en la que, como la sonrisa de un niño, sobre los muertos
una claridad de gozosas flores por la hierba se extiende,

L

rodeada por grises muros decrépitos en los que el Tiempo
se alimenta como lento fuego sobre un tronco viejo
y donde una aguda pirámide de sublime cuña,
que cubre el polvo de aquel que proyectó
ese refugio para su memoria, se eleva,[12]
como llama en mármol transformada,
ante una pradera en la que un grupo más reciente
ha plantado bajo la sonrisa del cielo el camposanto que recibió,
con su aliento apenas extinto, a aquel cuya voz hemos perdido.

LI

Detente aquí: estas tumbas son aún demasiado jóvenes
como para haber olvidado la tristeza que confió
su peso a cada una; y si el sello está colocado
sobre la fuente del lamento de un alma,
¡no lo rompas! De seguro encontrarás,
al regresar a tu hogar, tu propia fuente llena
de dolor y de lágrimas. Del amargo viento del mundo
busca refugio en la negra sombra del sepulcro.
Lo que hoy Adonais es, ¿por qué tememos serlo nosotros?

LII

Lo Único permanece, lo múltiple cambia y pasa;
la luz del cielo por siempre brilla, las sombras
de la tierra son fugaces; la Vida, como una cúpula
de coloridos cristales, tiñe el blanco fulgor de la Eternidad
hasta que la Muerte la pisa y a fragmentos la reduce.
¡Muere, si quieres estar con aquello que buscas!
¡Márchate hacia donde todo ha huido! El azul cielo de Roma,
sus flores, sus ruinas, sus estatuas, sus palabras y sus melodías
no logran expresar de manera adecuada toda la gloria que nos comunican.

---

[12] La pirámide que domina el Cementerio No Católico de Roma es la de Cayo Cestio Epulón.

ADONAIS

LIII

¿Por qué vacilas, retrocedes y te encoges, Corazón mío?
Tus esperanzas se han perdido, de todas las cosas
terrenas se han alejado, ¡ahora debes alejarte tú!
Una luz se ha extinguido con el girar del año,
abandonando a hombres y mujeres, y lo que aún es amado
te atrae para aplastarte y te repele para marchitarte.
El límpido cielo sonríe, la leve brisa susurra cerca,
¡es el llamado de Adonais! ¡Oh, corre hacia allí!,
¡ya no dejes que la Vida separe lo que la Muerte puede unir!

LIV

Esa Luz cuya sonrisa enciende el Universo,
esa Belleza en la que todas las cosas viven y obran,
esa Bendición que la Maldición del nacimiento
puede eclipsar mas nunca sofocar, ese perdurable Amor
que, a través de la tela del ser ciegamente tejida
por hombre, bestia, tierra, aire y mar,
arde brillante o tenue, puesto que cada uno es un reflejo
del fuego que todos ansían, en mí destella ahora,
consumiendo las últimas nubes de la fría mortalidad.

LV

El aliento cuyo poder he invocado en verso[13]
desciende sobre mí; la barca de mi espíritu es llevada
lejos de la costa, lejos de la trémula multitud
cuyas naves jamás han enfrentado la tormenta;
¡la enorme tierra y los esféricos cielos se quiebran!
Soy arrastrado oscura y horrorosamente lejos,
mientras, ardiendo en el velo más profundo del cielo,
el alma de Adonais, como una refulgente estrella,
me guía desde la morada donde se encuentran los Eternos.

---

[13] Referencia a su *Oda al Viento Oeste* (p. 36).

El Tiempo

Insondable mar, cuyas olas son los años;
   océano del Tiempo, cuyas aguas de profunda aflicción
son salobres por la sal de las lágrimas humanas;
   tú, mar sin costas, que en tu flujo y tu reflujo
abarcas los límites de la mortalidad
y, harto de presas, aunque aún aullando por más,
vomitas tus naufragios en sus inhóspitas costas;
traicionero en la calma y terrible en la tempestad,
      ¿quién se pondrá delante de ti,
            insondable mar?

Un lamento

I

¡Oh, mundo!, ¡oh, vida!, ¡oh, tiempo!,
por cuyos últimos peldaños asciendo,
   temblando ante aquellos en los que antes pisé,
¿cuándo retornará la gloria de vuestra juventud?
            ¡Ya no más... oh, nunca más!

II

Lejos del día y de la noche
una alegría ha echado a volar;
   la fresca primavera, el verano y el canoso invierno
conmueven mi corazón con aflicción, pero con deleite
            ya no más... ¡oh, nunca más!

A la Noche

I

Camina velozmente sobre el oleaje occidental,
                ¡oh, sombra de la Noche!,
fuera de la neblinosa caverna oriental
en la que, durante todo el largo y solitario día,
tejes tú sueños de miedo y de alegría
que te hacen tan terrible cual querida;
                ¡y que tu vuelo sea veloz!

II

Envuelve tu figura en una capa gris,
                ¡de estrellas tachonada!;
enceguece con tus cabellos los ojos del Día,
bésalo hasta que de ti se canse
y luego vaga sobre ciudad, tierra y mar,
tocándolo todo con tu narcótica vara;
                ¡ven, largo tiempo buscada!

III

Cuando desperté y vi la aurora,
                suspiré por ti;
cuando la luz ascendió, y el rocío se evaporó,
y el mediodía cayó pesado sobre árbol y flor,
y el cansado Día se dirigió hacia su descanso
demorándose como un invitado indeseado,
                suspiré por ti.

IV

Tu hermana la Muerte vino y me preguntó:
                «¿Suspirabas tú por mí?».
Tu dulce hijo el Sueño, de adormilados ojos,
murmuró como una abeja de mediodía:
«¿Puedo acurrucarme a tu lado?,
¿suspirabas tú por mí?». Y yo les contesté:
                «¡No, no por ti!».

V

La Muerte vendrá cuando tú estés muerta,
                pronto, muy pronto,
y el Sueño vendrá cuando tú hayas huido;
de ninguno pediré yo la gracia:
te la pido a ti, amada Noche;
que tu vuelo aproximándote sea veloz,
                ¡ven pronto, pronto!

Remembranza

I

Mucho más veloz que la huida del verano,
mucho más veloz que el placer de la juventud,
mucho más veloz que una noche de felicidad
      viniste y te fuiste tú;
como la tierra cuando se cubre de hojas marchitas,
como la noche cuando el sueño se aleja,
como el corazón cuando la alegría huye,
      he quedado solo, solo.

II

El verano, como la golondrina, regresa;
la noche, como el búho, reasume su reinado;
pero la juventud, como el cisne salvaje,
      quiere huir contigo, desleal como tú;
cada día que pasa, mi corazón anhela el mañana;
hasta los sueños mismos se han vuelto tristeza;
en vano intenta tomar mi invierno helado
      soleadas hojas de ramajes lejanos.

III

Lirios para un lecho nupcial,
rosas para los cabellos de una viuda,
violetas para una doncella muerta:
      que las trinitarias mis flores sean;
sobre la tumba viviente que soy
esparcidlas sin derramar lágrima alguna,
y que ningún amigo, por querido que sea,
      malgaste una esperanza, un temor por mí.

A ...

Música, cuando suaves voces mueren,
en la memoria aún vibra;
fragancias, cuando dulces violetas enferman,
perviven en el sentido al que animan.

Pétalos de rosa, cuando la rosa ha muerto,
para el lecho de la amada son amontonados;
y así en tus pensamientos, cuando te hayas ido,
el amor mismo seguirá dormitando.

A ...

I

Una palabra es demasiado a menudo profanada
    para que yo la profane,
un sentimiento demasiado falsamente desdeñado
    para que tú lo desdeñes;
una esperanza se asemeja demasiado a la desesperación
    para que la prudencia la reprima,
y la piedad de ti es más cara
    que la de nadie más.

II

No puedo yo dar lo que los hombres llaman amor,
    pero ¿no aceptarás tú
la adoración que el corazón exalta
    y los cielos no rechazan,
el deseo de la mariposa nocturna por la estrella,
    de la noche por la mañana,
la devoción hacia algo que está lejos
    de la esfera de nuestra tristeza?

Líneas

I

Cuando la lámpara se rompe
la luz en el polvo muerta yace;
   cuando la nube se disipa
la gloria del arco iris se esparce;
   cuando el laúd se ha quebrado
melodiosos tonos ya no son recordados;
   cuando los labios han hablado
los acentos amados pronto son olvidados.

II

Así como el resplandor y la música
no sobreviven al laúd y la lámpara,
   los ecos del corazón no ejecutan
ninguna canción cuando enmudece el alma;
   ninguna canción sino tristes cantos fúnebres,
como el que entre las ruinas entona el viento
   o como el de los doloridos oleajes
que lloran por el marinero muerto.

III

Cuando los corazones se han una vez unido
el amor abandona el sólido nido;
   el débil es entonces escogido
para sufrir por lo que alguna vez ha poseído.
   ¡Oh, Amor!, que lamentas
la fragilidad de todas las cosas aquí vistas,
   ¿por qué eliges tú al más frágil
para tu cuna, tu hogar y tu cripta?

IV

Sus pasiones te sacudirán
como las tormentas sacuden en lo alto a los cuervos;
   la brillante razón de ti se burlará
como el sol desde un cielo de invierno;
   de tu nido cada parte se pudrirá
y en poco tiempo ese refugio aquilino
   ante la risa desnudo te dejará
cuando las hojas caigan y los vientos soplen fríos.

Un ave viuda

Un ave viuda se lamentaba por su amor
    sobre una rama invernal;
el helado viento se arrastraba por encima,
    el gélido arroyo por debajo.

No había ni una hoja en el desnudo bosque,
    en el suelo ninguna flor,
y poco movimiento en el aire,
    excepto por el molino y su rumor.

El islote

Había un pequeño islote herboso,
por anémona y violeta,
   como mosaicos, pavimentado;
con un techo de flores y hojas
que era entretejido por el aliento del verano;
donde ni sol, ni chaparrones, ni brisas
atravesaban los pinos y los árboles más altos,
   cada uno una gema grabada;
y que estaba rodeado por muchas olas
que, junto con las nubes y las montañas,
   enlosaban el azul abismo de un lago.

Endecha

Áspero viento, que lamentas en voz alta
   aflicciones demasiado tristes para ser cantadas;
viento salvaje, cuando la taciturna nube
   tañe en duelo toda la larga noche;
triste tormenta, cuyas lágrimas son vanas;
desnudos bosques, cuyas ramas se retuercen;
profundas cuevas y sombrías aguas,
   ¡gemid por los males de este mundo!

Prometeo desencadenado

- Comienzo del Acto I -

PROMETEO[1]
¡Monarca de dioses, de demonios y de todos los espíritus
excepto uno, que gobiernas esos brillantes mundos giratorios
que sólo tú y yo, de entre todos los seres vivos,
contemplamos con insomnes ojos!, mira a esta Tierra,
poblada multitudinariamente por tus esclavos, a quienes
recompensas, por sus adoraciones de rodillas, sus plegarias,
fatigas, alabanzas y hecatombes de corazones rotos,
con miedo, desprecio de sí mismos y áridas esperanzas,
mientras que, ciego de odio, a mí, que soy tu enemigo,
me has hecho reinar y triunfar, para tu vergüenza,
sobre mi propio dolor y tu vana venganza.
Trescientos años de horas de sueños a la intemperie,
de momentos siempre divididos por agudas agonías
que los hacen parecer años, de tortura y soledad,
desdén y desesperación: ese es mi imperio,
mucho más glorioso que aquel que consideras,
desde tu para nada envidiado trono, ¡oh, poderoso Dios!,
todopoderoso, si me hubiese dignado a compartir el oprobio
de tu funesta tiranía y no colgase aquí, encadenado
a los riscos de esta montaña que confunde a las águilas,
negra, helada, muerta, jamás conmensurada, y privada
de toda hierba, insecto, bestia o forma o sonido de vida.
¡Ah, ay de mí!, ¡dolor, dolor siempre, para siempre!

¡Ningún cambio, ninguna pausa, ninguna esperanza! Pero resisto.
Le pregunto a la Tierra: ¿no han sentido las montañas?
Le pregunto a aquel Cielo: el sol, que todo lo ve,
¿no ha visto? Y el Mar, tempestuoso o calmo,
la inconstante sombra del Cielo, extendiéndose debajo:
¿no han sus sordas olas oído mi agonía?
¡Ah, ay de mí!, ¡dolor, dolor siempre, para siempre!

Los glaciares que se arrastran me atraviesan con las lanzas
de sus cristales congelados bajo la luna; las brillantes cadenas
me muerden hasta llegar a mis huesos con su ardiente frío;
el sabueso alado del Cielo, tras ensuciar en tus labios
su pico con un veneno que no es suyo, desgarra
mi corazón; visiones sin forma se acercan errantes,
los espantosos moradores del reino de los sueños,
y se burlan de mí; los demonios del Terremoto

---

[1] Prometeo pertenecía a la segunda generación de titanes, descendientes de Gaia y Urano.

se encargan de retorcer los clavos en mis temblorosas heridas
cuando las rocas detrás de mí se abren y nuevamente se cierran;
mientras que, aullando en sus ruidosos abismos, los genios
de la Tormenta se congregan y, apremiando la rabia
del torbellino, me afligen con el más punzante granizo.
Y, sin embargo, bienvenidos son para mí el día y la noche,
ya cuando derrite el uno la blanca helada del amanecer
o estrellada, oscura y lenta escala la otra
por el plomizo este, pues ambos arrastran consigo
a las reptantes horas sin alas, una de entre las cuales,
como un negro sacerdote empujando a su renuente víctima,
te obligará a inclinarte a besar, cruel Rey, la sangre
de estos pálidos pies, que entonces podrían pisarte
si no desdeñasen ellos a semejante esclavo prosternado.
¿Desdeñar? ¡No! Me apiado de ti. ¡Oh, qué ruina
te perseguirá, indefenso, a través de todo el vasto cielo!
¡Cómo tu alma, profundamente desgarrada por el terror,
se abrirá como un infierno! Hablo con aflicción,
no exultante, pues ya no odio más como entonces,
cuando, antes de que el dolor me hiciese sabio,
lancé contra ti una maldición que ahora trataré de recordar.
¡Vosotras, Montañas, cuyos ecos de varios tonos, a través
de la niebla de las cataratas, portaron el trueno de aquel hechizo!
¡Vosotros, gélidos Manantiales, ahora inmovilizados en frío hielo,
que vibrasteis al oírme y que luego os arrastrasteis,
temblorosos, a través de toda la India! ¡Tú, sereno Aire,
por sobre el cual el sol camina ardiendo sin rayos!
¡Y vosotros, veloces Torbellinos, que, con equilibradas alas,
os cernisteis mudos y quietos sobre aquel callado abismo
mientras ese trueno, más ruidoso que vosotros, sacudía
al mundo entero! Si entonces mis palabras tuvieron algún poder,
aunque he cambiado hasta tal punto que todo deseo de mal
ha muerto en mi interior, aunque ningún recuerdo me quede
de lo que el odio es, no dejéis que lo pierdan ahora...
¿Cómo fue aquella maldición?, pues vosotros me oísteis pronunciarla.

PRIMERA VOZ *(desde las montañas)*
Por tres veces trescientos mil años,
    sobre el lecho del terremoto a menudo nos hemos sostenido,
y, como hombres convulsionados por el miedo,
    hemos temblado en nuestra multitud.

SEGUNDA VOZ *(desde los manantiales)*
Los rayos han abrasado nuestras aguas,
    hemos sido manchados con amarga sangre,
y hemos corrido mudos, entre gritos de matanza,
    a través de la aldea y de la soledad.

Tercera Voz *(desde el aire)*
He vestido, desde que la Tierra nació,
   sus sitios desiertos con colores que no le eran propios,
y con frecuencia desgarradores gemidos
   han perturbado mi sereno reposo.

Cuarta Voz *(desde los torbellinos)*
Nos hemos deslizado bajo estas montañas
   por largas edades sin descanso, y nunca el trueno,
ni las llameantes bocas de aquellos volcanes,
   ni poder alguno arriba o debajo
   nos ha hecho enmudecer con asombro.

Primera Voz
Pero jamás se inclinaron nuestras nevadas cimas
como ante la voz de tu maldición.

Segunda Voz
Nunca antes un sonido semejante
a las olas indias llevamos.
Un piloto, dormido en medio de los bramidos
del mar, despertó agonizante sobre cubierta
y, tras escucharlo, gritó: «¡Ah, ay de mí!»,
y murió tan loco como las olas a su alrededor.

Tercera Voz
Por tan terribles palabras dirigidas de la Tierra
al Cielo mi tranquilo reino jamás fue desgarrado;
y, cuando aquella herida se cerró,
como sangre la oscuridad sobre el día permaneció.

Cuarta Voz
Y nosotros huimos, pues sueños de ruina,
que persiguieron nuestro vuelo hasta cuevas de hielo,
nos hicieron guardar silencio, así… y así…
aunque el silencio es para nosotros como el infierno.

La Tierra
Las Cavernas sin voz de las escarpadas colinas
gritaron entonces: «¡Miseria!»; el vacío Cielo respondió:
«¡Miseria!»; y las purpúreas olas del Océano,
invadiendo la tierra, aullaron a los furiosos vientos,
mientras las pálidas naciones oían: «¡Miseria!».

Prometeo
A mis oídos llega un distante sonido de voces,
y no la voz que yo elevé. ¡Madre, tú y tus hijos

desprecian a aquel sin cuya resistente voluntad
tanto tú como ellos bajo la feroz omnipotencia de Júpiter
habrían desaparecido como leve niebla disipada
por el viento de la mañana! ¿No me reconocéis, a mí, el titán,
aquel que hizo de su agonía la barrera para vuestro enemigo,
que de otro modo lo habría conquistado todo? ¡Oh, prados
rodeados de rocas, y arroyos por las nieves alimentados,
ahora ocultos entre helados vapores, profundo debajo,
a través de cuyos sombríos bosques alguna vez vagué
junto a Asia[2], bebiendo vida de sus amados ojos!,
¿por qué se niega el Espíritu que os ha formado
a conversar conmigo, conmigo solo, que frené,
como alguien que frena un carro de guerra tirado por demonios,
la falsedad y la fuerza de aquel que reina supremo
y que con los gemidos de doloridos esclavos puebla
vuestras oscuras cañadas y vuestras líquidas extensiones?
¿Por qué no respondéis, hermanos?

LA TIERRA
                    No se atreven.

PROMETEO
¿Y quién se atreverá?, pues debo oír esa maldición otra vez.
¡Ah, qué horrible susurro se eleva a mi alrededor!
Apenas parece un sonido; zumba a través de todo mi cuerpo
tal como lo hace el relámpago, fluctuando antes de golpear.
¡Habla, Espíritu! Por tu voz inorgánica
sólo sé que te estás moviendo cerca de mí
y que amas. ¿Cómo maldije yo a aquel?

LA TIERRA
                              ¿Cómo podrías oír,
tú, que no conoces el lenguaje de los muertos?

PROMETEO
Tú eres un espíritu vivo: habla como tal.

LA TIERRA
No me atrevo a hablar como la vida, no sea que el cruel
Rey del Cielo me oiga y me ate a alguna rueda de dolor
que me torture aún más que esta en la que giro.
Eres perspicaz y benévolo, y, aunque los dioses
no oyen esta voz, tú eres sin embargo más que un dios,
pues eres sabio y generoso; por eso, escucha ahora con atención.

---

[2] Asia era una oceánide, al igual que Íone y Pantea. Algunos autores la asimilan a Clímene y la hacen madre de Prometeo, pero Heródoto la hace, como Shelley, su consorte (*Historia*, IV, 45).

PROMETEO

Oscuramente a través de mi cerebro, como apagadas sombras,
pasan volando horribles pensamientos, veloces y en multitud.
Me siento débil, como alguien confundido entre las redes del amor,
si bien no es esto algo placentero.

LA TIERRA

                          No, tú no puedes oír:
tú eres inmortal, y esta lengua sólo puede ser conocida
por aquellos que mueren.

PROMETEO
                    ¿Y quién eres tú,
oh, melancólica voz?

LA TIERRA
                    Yo soy la Tierra, tu madre,
aquella a través de cuyas venas de piedra,
y hasta la última fibra del más alto árbol
cuyas frágiles hojas temblaban en el aire helado,
corrió la alegría, como la sangre por un cuerpo vivo,
cuando tú de su seno, como una nube de gloria,
surgiste, un espíritu de intenso gozo.
Y a tu voz sus afligidos hijos levantaron
sus postradas frentes del sucio polvo,
y nuestro todopoderoso Tirano con gran terror
palideció, hasta que su trueno te encadenó aquí.
Entonces, desde esos millones de mundos que brillan
y giran a nuestro alrededor, incontables seres vieron
cómo mi luz menguaba en el vasto firmamento;
el mar se elevó por una extraña tempestad, y un nuevo fuego,
surgido desde convulsas montañas de blanca nieve,
sacudió sus portentosos cabellos bajo el ceño del cielo;
el relámpago y la inundación vejaron las llanuras;
azules cardos brotaron en las ciudades; hambrientos sapos
por voluptuosas cámaras se arrastraron palpitando,
cuando la plaga y el hambre cayeron sobre hombre,
bestia y gusano, y una negra ruina sobre hierba y árbol;
y por el maizal, los viñedos y los pastizales
se esparcieron inextirpables malezas venenosas
que drenaron su crecer, pues mi lánguido pecho estaba seco
de aflicción; y el diáfano aire, mi aliento,
se manchó con el contagio del odio de una madre
dirigido contra el destructor de su hijo.
Sí, yo oí tu maldición, la cual, si tú no la recuerdas,
mis innumerables mares y arroyos,
montañas, cuevas y vientos, aquel amplio aire

y el inarticulado pueblo de los muertos
preservan, un hechizo atesorado. Solemos meditar,
en secretas alegría y esperanza, esas terribles palabras,
pero no nos atrevemos a repetirlas.

PROMETEO

                    ¡Venerable Madre!,
todos aquellos que viven y sufren obtienen de ti
algún favor: flores, frutos, agradables sonidos y amor,
aunque efímeros; estas cosas nunca podrán ser mías,
pero mis propias palabras, te lo ruego, no me las niegues.

LA TIERRA

Serán dichas. Antes de que Babilonia fuese polvo,
hijo mío, el mago Zoroastro[3] se encontró
con su propia imagen caminando por un viejo jardín;
fue el único hombre a quien le fue dado ser testigo
de semejante aparición. Pues existen dos mundos
de vida y de muerte: uno es el que contemplas,
pero el otro se halla debajo de la tumba, donde habitan
las sombras de todas las formas que piensan y viven
hasta que la muerte las une para siempre,
los sueños y las ligeras fantasías de los hombres,
y todo aquello que la fe crea o el amor desea,
terribles, extrañas, sublimes y hermosas figuras.
Allí estás tú, colgando, cual una sombra marchita,
entre montañas azotadas por torbellinos; todos los dioses
están allí, y todos los poderes de mundos sin nombre,
enormes fantasmas con cetros; héroes, hombres y bestias;
Demogorgon[4], una vasta y tremenda oscuridad;
y también él, el supremo Tirano, en su trono
de refulgente oro. Hijo, uno de estos proferirá
la maldición que todos recuerdan. Llama a voluntad
a tu propio fantasma, o al fantasma de Júpiter,
de Hades[5], de Tifón[6] o de cualquiera de los dioses
más poderosos que del prolífico Mal, tras tu ruina,
han surgido para pisar a mis prosternados hijos.
Pregunta y ellos responderán, de modo que la venganza
del Supremo pueda pasar, atravesando vacías sombras,
como un lluvioso viento a través del abandonado portal
de un palacio en ruinas.

---

[3] Zoroastro o Zarathustra fue el profeta persa fundador de la religión mazdeísta.

[4] Oscura deidad considerada a veces un demonio y otras un demiurgo o dios primordial.

[5] Hades, equivalente al Plutón o Dis de los romanos, era el dios griego del Infierno.

[6] Tifón o Tifeo era un gigante relacionado a la lava y a los huracanes, padre con Equidna de numerosos seres mitológicos como el can Cerbero, la Esfinge, la Quimera y el águila de Prometeo.

Prometeo

Madre, no deseo que nada
que pueda ser maldad pase de nuevo
por mis labios o por los de algo que se me parezca.
¡Fantasma de Júpiter, asciende, aparece!

Íone

Mis alas están plegadas sobre mis oídos,
    mis alas están cruzadas sobre mis ojos,
y, aun así, a través de su plateada sombra se ve
    y a través de sus protectoras plumas surgen
una forma y una multitud de sonidos;
    ¡que no te ocasionen ningún daño,
oh, tú de muchas heridas,
junto a quien, por amor a nuestra dulce hermana,
siempre así nosotras permanecemos velando!

Pantea

El sonido es como de torbellinos subterráneos,
    terremotos, fuego y montañas destruidas;
la forma es tan horrible como el sonido,
    enfundada en púrpura, tachonada de estrellas;
y un cetro de oro, que sirve para afirmar
    orgullosos pasos sobre una baja nube,
su venosa mano empuña.
Cruel se ve en su aspecto, aunque fuerte y calmo,
como uno que ocasiona, pero no sufre, desdichas.

El Fantasma de Júpiter

¿Por qué los secretos poderes de este extraño mundo
me han traído hasta aquí, como un frágil e intangible fantasma,
sobre horrorosas tormentas? ¿Qué desacostumbrados
sonidos brotan de mis labios, tan distintos a la voz
con la que nuestra pálida raza espantosamente habla
en la oscuridad? Y, orgulloso sufriente, ¿quién eres tú?

Prometeo

¡Tremenda Imagen!, igual a ti debe de ser
aquel de quien eres la mera sombra. Yo soy su enemigo,
el titán. Pronuncia las palabras que debo oír,
aunque ningún pensamiento forme tu vacía voz.

La Tierra

¡Escuchad!, y, aunque vuestros ecos deban permanecer mudos,
grises montañas, bosques ancianos, encantados manantiales,
proféticas cuevas e islas rodeadas por arroyos,
regocijaos al oír aquello que aún no podéis pronunciar.

Un espíritu me toma y habla en mi interior, desgarrándome
tal como el rayo lo hace con una nube de tormenta.

¡Ved cómo eleva sus poderosas miradas al cielo,
que se oscurece arriba!

¡Hablará! ¡Oh, ocultadme!

Ya percibo la maldición, en gestos orgullosos y fríos,
en miradas de calmo odio y de firme desafío,
y en una desesperación tal que se burla de sí misma con sonrisas,
como si estuviese escrita en un pergamino. Mas habla, ¡oh, habla!

¡Demonio, te desafío!, con una tranquila y firme mente
    te ordeno que me inflijas todo cuanto puedas infligirme.
¡Ah, perverso Tirano de dioses y de hombres!,
    soy el único ser al que jamás dominarás.
Que lluevan, pues, tus plagas sobre mí,
la espantosa enfermedad y el enloquecedor temor;
que, alternados, el hielo y el fuego
me consuman; y que tu ira sea
relámpago, punzante granizo y legiones de furias[7]
pasando a mi lado sobre hirientes tormentas.

Sí, haz todo lo peor que puedas: eres omnipotente.
    Te di poder sobre todas las cosas, excepto sobre ti mismo
y mi propia voluntad. Que tus veloces males sean enviados,
    desde aquella etérea torre, para arrasar al género humano;
que tu maligno espíritu se mueva
en tinieblas sobre aquellos a los que amo;
sobre mí y lo mío impreco
la mayor tortura de tu odio
y sacrifico así esta orgullosa cabeza
a una insomne agonía mientras reines en lo alto.

Pero a ti, que eres Dios y Señor, ¡oh, a ti!,
    que con tu alma llenas este mundo de aflicción
y ante quien todos los seres de la Tierra y del Cielo se inclinan
    en temor y alabanza, enemigo que sobre todo prevaleces,
¡te maldigo! ¡Que la maldición de un sufriente

---

[7] Las furias, equivalentes a las erinias griegas, eran las diosas romanas de la venganza.

te aprisione, oh, Torturador, como el remordimiento,
hasta que tu eternidad se vuelva
un manto de envenenada agonía
y tu omnipotencia se torne una corona de dolor
que se aferre como ardiente oro a tu cerebro en disolución!

¡Amontona sobre tu alma, en virtud de esta maldición,
    malas acciones, y entonces sufre contemplando el bien;
tan infinita como infinitos son el universo,
    tú y tu insoportable soledad,
aunque como una horrenda imagen de calmo poder
te sientes en tu trono ahora, que llegue la hora
en la que debas verte ante todos
tal como eres en tu interior!
¡Y que, tras muchos cobardes e infructuosos crímenes,
el desprecio marque tu caída a través de espacios y tiempos sin límite!

PROMETEO
¿Fueron estas mis palabras, oh, madre?

LA TIERRA
                              Fueron tus palabras.

PROMETEO
Me arrepiento: las palabras son rápidas y vanas;
la aflicción es a veces ciega, y así lo era entonces la mía.
No deseo que ser vivo alguno sufra dolor.

LA TIERRA
¡Miseria!, ¡oh, miseria, enorme miseria,
que Júpiter finalmente vencerte pueda!
¡Gemid, aullad alto, mares y tierras,
y os responderá el roto corazón de vuestra madre!
¡Aullad, espíritus de los vivos y de los muertos:
vuestro refugio, vuestro defensor, yace vencido y caído!

PRIMER ECO
¿Yace vencido y caído?

SEGUNDO ECO
¡Vencido y caído!

ÍONE
No temáis, es sólo un espasmo pasajero:
    el titán aún no ha sido vencido.
Mas ved allí donde, a través del azul abismo
    de aquella bifurcada y nevada colina,

pisando los descendentes vientos de las alturas
    con dorados calzados que brillan
bajo plumas de un tinte purpúreo
semejante al del marfil enrojecido,
una figura se acerca ahora,
extendiendo hacia lo alto con su mano derecha
un báculo entrelazado con dos serpientes.

PANTEA

Es el heraldo de Júpiter, el veloz Mercurio.

ÍONE

¿Y qué son esos seres con cabellos de serpiente
y alas de hierro que surcan los vientos,
y a quienes el ceñudo dios reprime
como a oscuros vapores que surgen detrás,
mientras producen sonoras estridencias, en enorme grupo?

PANTEA

Son los perros de Júpiter, que cabalgan las tormentas
y a quienes nutre él con sangre y con gemidos
cuando, sobre su carro de nubes sulfurosas,
atraviesa los límites de sus celestes dominios.

ÍONE

¿Y son ahora conducidos de los consumidos muertos
hacia nuevas agonías en las cuales encontrar alimento?

PANTEA

El titán se ve como siempre, firme, no orgulloso.

PRIMERA FURIA

¡Huelo vida!

SEGUNDA FURIA

¡Sólo dejadme ver sus ojos!

TERCERA FURIA

La esperanza de torturarlo huele como una pila
de cadáveres después de la batalla para un ave carroñera.

PRIMERA FURIA

¿Te atreves a demorarte, oh, heraldo? ¡Regocijaos,
perros del Infierno, pues, si el hijo de Maia[8] nos ofrece
pronto recreo y alimento, nadie podrá gratificar más
al Omnipotente!

---

[8] Hermes o Mercurio, el heraldo de los dioses, era hijo de Zeus y de Maia, una de las pléyades.

MERCURIO

¡Retornad a vuestras torres de hierro,
oíd rechinar vuestros dientes tras los arroyos de fuego
y gemid allí por vuestras fauces sin alimento! ¡Venid aquí,
Gerión, Gorgona, Quimera, y tú, Esfinge, sutil demonio,
que suministraste a Tebas el venenoso vino del Cielo,
amor antinatural y un aún más antinatural odio:
vosotros llevaréis a cabo la tarea![9]

PRIMERA FURIA

¡Oh, piedad, piedad,
morimos de deseo: no nos hagáis retornar!

MERCURIO

¡Permaneced entonces en silencio! ¡Oh, triste sufriente!,
a ti, aunque renuente, muy renuentemente,
vengo, empujado por la voluntad de mi gran Padre,
para ejecutar una condena de nueva venganza.
¡Ay!, me apiado de ti, y me odio a mí mismo
por no poder hacer nada; siempre al de tu vista retornar,
el Cielo me parece un Infierno por una temporada,
pues tu rota figura me persigue noche y día,
sonriéndome en reproche. Sabio eres, y firme y bondadoso,
pero en vano sería que siguieses luchando solo
contra el Omnipotente, mientras aquellas brillantes
lámparas que miden y dividen a los fatigados años,
de los cuales no hay refugio, tanto han enseñado,
y tanto deben aún enseñar. Incluso ahora tu Torturador
arma con el extraño poder de dolores inimaginables
a las fuerzas que traman lentas agonías en el Infierno,
y yo he sido comisionado para traerlas aquí,
a ellas o a los más sutiles, inmundos y salvajes demonios
que pueblan el abismo, y abandonarlas a su tarea.
¡Que así no sea! Hay un secreto que sólo te es
conocido a ti, a ti y a ningún otro ser viviente,
que puede transferir el poder del vasto Cielo,
el temor de lo cual llena de dudas al Supremo;
vístelo en palabras y hazlo abrazar su trono
en intercesión, inclina tu alma en plegaria
y, como un suplicante en un suntuoso templo,
deja que tu voluntad se arrodille en tu altivo corazón,
pues las ofrendas y la dócil sumisión calman
aun a los más feroces y poderosos.

---

[9] Gerión, la Gorgona y la Quimera eran diversos monstruos mitológicos, al igual que la Esfinge,
que asoló la región de Tebas hasta que Edipo logró vencerla, en premio de lo cual desposó a la
reina Yocasta sin saber que era su propia madre y tuvo con ella dos hijos que se mataron entre sí.

PROMETEO

Las mentes malvadas

retribuyen el bien con su propia naturaleza. Le di todo
lo que tiene, y, a cambio, él me encadena aquí,
años, edades, noche y día, ya el sol agriete
mi piel reseca o bajo la nocturna luz lunar
la nieve de alas de cristal se adhiera a mis cabellos,
mientras esa raza que amo es pisoteada
por los ministros que ejecutan su voluntad.
Tal es la recompensa del Tirano, y es justa:
aquel que es malvado no puede recibir bien alguno,
y, por un mundo que se le otorga, o un amigo perdido,
puede sentir odio, miedo, vergüenza, mas nunca gratitud;
sólo me corresponde así por sus propios malos actos.
La bondad para tales mentes es un agudo reproche
que quiebra, con amargas espinas, el ligero sueño
de la venganza. ¿Sumisión? Tú sabes que no puedo
intentar eso, pues ¿qué sumisión sino ese fatal secreto,
el sello de muerte del cautiverio de los humanos,
que, como la espada siciliana suspendida de un cabello,
tiembla sobre su corona, aceptaría él o podría yo ofrecer?
Secreto que, sin embargo, nunca ofreceré.
Que otros se inclinen ante el Crimen donde entronizado
se sienta en breve omnipotencia: nada deberán temer,
pues la Justicia, cuando triunfe, llorará piedad,
no castigo, sobre sus propios errores,
suficientemente vengados por sus remordimientos.
Aguardo, resistiendo así, la hora de la retribución,
que, desde que comenzamos a hablar, se halla más cerca.
Pero oye el clamor de los perros del Infierno: ¡teme la tardanza!
¡Mira! El cielo se encapota bajo el ceño de tu Padre.

MERCURIO

¡Oh, si pudiésemos evitar esto, yo infligir
y tú padecer! Respóndeme una vez más:
¿sabes cuándo llegará el fin del poder de Júpiter?

PROMETEO

Sólo sé esto: que llegará.

MERCURIO

¡Ay, desdichado de ti!

¿No puedes contar los días que te quedan de dolor?

PROMETEO

Durarán tanto como Júpiter reine; ni más ni menos
temo o deseo yo.

Mercurio

Mas espera; húndete por un momento
en la Eternidad, donde todo el tiempo registrado,
incluso el que imaginamos, edad tras edad,
no parece más que un punto y la mente renuente
flaquea agotada, en su vuelo sin término,
hasta que cae, mareada, ciega, perdida, desamparada:
¿por azar no han sido numerados los años
que tú debes pasar en la tortura, sin ni un alivio temporal?

Prometeo

Ningún pensamiento puede contarlos; sin embargo, pasan.

Mercurio

¿Y si, mientras tanto, pudieses morar entre los dioses,
envuelto en voluptuosa alegría?

Prometeo

Por nada abandonaría
este desolado precipicio, estos dolores sin arrepentimiento.

Mercurio

¡Ay! Me maravillo por ello, pero aún me apiado de ti.

Prometeo

Apiádate de los esclavos del Cielo, que al serlo se desprecian,
y no de mí, en cuya mente se sienta la paz serena, como la luz
en el sol, entronizada. Mas ¡cuán vanas son las palabras!
Llama a los demonios.

Íone

¡Oh, hermana, mira!
Un fuego blanco ha partido hasta las mismas raíces
a aquel inmenso cedro cargado de nieve,
¡y cuán espantosamente el trueno de Júpiter aúlla detrás!

Mercurio

Debo obedecer a sus palabras y a las tuyas. ¡Ay!
¡El más pesado remordimiento oprime mi corazón!

Pantea

¡Mira cómo el hijo del Cielo, con alados pies,
corre por la oblicua luz solar del amanecer!

Íone

¡Querida hermana, cierra tus plumas sobre tus ojos,
no sea que contemples y mueras! ¡Ya vienen, ya vienen,

ennegreciendo el nacer del día con alas incontables,
tan demacradas como la muerte misma!

Primera Furia

¡Prometeo!

Segunda Furia

¡Inmortal titán!

Tercera Furia

¡Defensor de los esclavos del Cielo!

Prometeo

Aquel a quien tan terroríficas voces invocan está aquí,
Prometeo, el titán encadenado. Horrendas figuras,
¿qué y quiénes sois vosotras? Nunca antes, del Infierno
hormigueante de monstruos, surgieron fantasmas tan espantosos
nacidos de esa mente creadora de horrores que ostenta Júpiter;
mientras contemplo figuras tan execrables
siento que me vuelvo igual a aquello que veo,
y así es que sonrío y os observo con abominable compasión.

Primera Furia

Somos las portadoras del miedo, el odio, el dolor,
la desconfianza, el engaño y el crimen pertinaz;
como famélicos sabuesos perseguimos, a través de lagos
y de bosques, a los cervatos heridos y sollozantes
y rastreamos todo aquello que llora, sangra y vive
cuando el gran Rey lo traiciona a nuestra voluntad.

Prometeo

¡Oh, tantas naturalezas espantosas en un solo nombre,
bien os conozco!; y estos lagos y estos ecos conocen también
la oscuridad y la estridencia de vuestras alas. Mas ¿por qué
más horribles aún de lo que vuestros abominables seres son
os congregáis ahora en legiones desde el negro abismo?

Segunda Furia

Ignorábamos que esto fuera así; ¡hermanas, regocijaos,
regocijaos!

Prometeo

¿Puede algo exultarse en su deformidad?

Segunda Furia

La belleza del placer embriaga a los amantes
al contemplarse el uno al otro: lo mismo sucede con nosotras.

Así como, de la rosa que la pálida sacerdotisa
se arrodilla a recoger para su festiva corona de flores,
el etéreo carmesí se derrama, ruborizando sus mejillas,
así, de la agonía destinada a nuestra víctima,
la sombra que es nuestra forma nos reviste,
pues somos informes como nuestra madre, la Noche.

PROMETEO
Me río de vuestro poder, y del de aquel que os envía,
con el más bajo desdén. ¡Adelante, verted la copa del dolor!

PRIMERA FURIA
¿Piensas acaso que te desgarraremos hueso por hueso
y nervio por nervio, obrando como un fuego interior?

PROMETEO
El dolor es mi elemento, así como el odio es el vuestro:
desgarradme ya, no me importa.

SEGUNDA FURIA
                         ¿Es que piensas
que nos limitaremos a reír frente a tus órbitas sin ojos?

PROMETEO
No sopeso lo que hacéis, sino lo que sufrís
siendo malvadas. Cruel es el poder que os trajo,
a vosotras o a cualquier cosa igual de miserable, a la luz.

TERCERA FURIA
¿Piensas que nos introduciremos en ti, una por una,
como vida animal, y, puesto que no podemos oscurecer
el alma que allí dentro arde, que moraremos
junto a ella, como una multitud ruidosa y vana,
vejando la tranquilidad hasta del hombre más sabio;
que seremos espantosos pensamientos latiendo en tu cerebro,
y sucios deseos en torno a tu azorado corazón,
y sangre arrastrándose como la agonía por el interior
de tus laberínticas venas?

PROMETEO
                         ¿Y qué?, ya es así ahora
y, sin embargo, aún gobierno sobre mí mismo y domino
a las atormentadoras y conflictivas multitudes en mi interior,
así como Júpiter os domina cuando el Infierno se amotina.

[...]

La Luna

Te apresuras alrededor del Sol,
oh, tú, el más brillante de los mundos,
verde y azul esfera que resplandeces
con una luz que es la más divina
de entre todas las lámparas del cielo
a las que vida y luminosidad han sido dadas;
yo, tu amante de cristal,
arrastrada a tu lado por un poder
similar al de ese paraíso polar,
magnético, de los ojos de los amantes,
yo, una muy enamorada doncella
cuyo débil cerebro está sobrecargado
con el placer de su puro amor,
cual una maníaca a tu alrededor me muevo,
contemplando, novia insaciable,
tu forma desde todos los ángulos
como una ménade alrededor de la copa
que Ágave a menudo levantara
en el tenebroso bosque de Cadmea.[1]
Hermano, a donde quiera que vueles
me apresuraré, girando y siguiéndote
a través de los cielos vacíos y vastos,
protegida del hambriento espacio
por el cálido abrazo de tu alma,
y bebiendo, de tu vista y sensación,
belleza, majestuosidad y poder,
como una amante o un camaleón
que se vuelve como aquello a lo que mira;
como el tierno ojo de una violeta
que al azul cielo observa hasta que su matiz
se torna idéntico al de aquello que contempla;
como una gris y húmeda niebla
que se pone como sólida amatista
en la montaña occidental a la que envuelve
cuando el lívido ocaso duerme
sobre su blanca nieve.

---

[1] Ágave, hija de Cadmo (el rey fundador de la ciudad de Tebas, y de quien la región cadmea recibió su nombre), era una adoradora de Dioniso que, durante una bacanal en un bosque, mató y descuartizó junto a otras ménades a su propio hijo Penteo, rey tebano a la sazón que había prohibido el culto al dios (cfr. Eurípides, *Las bacantes*; Ovidio, *Metamorfosis*, III, 708 y ss.; Apolodoro, *Biblioteca*, III, 5, 2; Higino, *Fábulas*, 184).

A Keats

- Quien deseaba que en su tumba fuese escrito: -

«Aquí yace uno cuyo nombre fue escrito en agua».
Pero, antes de que el aliento que podía borrarlo soplase,
la Muerte, arrepintiéndose de haber segado esa vida,
la Muerte, el invierno inmovilizador, fluyó
sobre la corriente, y el inmaculado torrente del tiempo
se tornó un pergamino de cristal grabado con el nombre
de Adonais.

A la luna

I

¿Estás pálida por el cansancio
de escalar el cielo y contemplar la Tierra,
sin compañía errando
entre las estrellas, que tienen un origen diferente,
y siempre cambiando, como un triste ojo
que no encuentra objeto digno de su constancia?

II

Tú, hermana predilecta del Espíritu,
que te contempla hasta que de ti se compadece...

La luna menguante

Y como una dama moribunda, pálida y delgada,
que se tambalea, envuelta en un velo de gasa,
fuera de su cámara, conducida por los insanos
y débiles extravíos de su cerebro desfalleciente,
la luna se elevó por el calinoso este,
una blanca e informe masa.

Fragmento

Estoy ebrio por el meloso vino
de la eglantina bajo la luna florecida
que las hadas recogen en capullos de jacinto;
los murciélagos, el lirón y los topos
duermen en las paredes o bajo el césped
del desolado patio del castillo,
y cuando se derrama por la tierra estiva,
o sus vapores ascienden en medio del rocío,
sus jocundos sueños se llenan de alegría
y farfullan su felicidad dormidos, pues pocas
de las hadas soportan esos cuencos nectarinos.

Fragmento

Floreciente viña, cuyos resplandecientes racimos
   bajo el sol de otoño brillan: nadie prueba de ti,
pues tú amortajas una ruina y, debajo de ella,
   los pútridos huesos de la muerta antigüedad.

Fragmento

No despertéis a la serpiente,
no sea que no conozca su camino;
dejadla arrastrarse, mientras duerme,
por la profunda hierba del prado.
Ni una abeja la oirá reptando,
ni una efímera despertará
de la trémula campánula en la que se acuna,
ni aun la luz de las estrellas mientras pase
por la hierba con su silencioso deslizarse.

Fragmento

¡Oh, tú, deidad inmortal, cuyo trono
yace en la profundidad del pensamiento humano:
    reniego de tu poder y de ti, por todo
lo que el hombre puede ser, por todo lo que no es,
    por todo lo que ha sido y aún debe ser!

Satán liberado

Un ángel de doradas alas se presentó
ante el tribunal del Juicio Eterno;
sus miradas eran salvajes y sangre de demonio
manchaba sus nobles pies y manos.
El Padre y el Hijo supieron entonces
que Satán había roto sus cadenas
y que, con millones de demonios detrás,
nuevamente recorría el mundo en libertad.
Antes de que el ángel narrase su relato,
un apagado y monótono sonido,
similar a un batir de alas, se oyó alrededor,
y súbitamente las lámparas palidecieron,
las lámparas que, ante los siete arcángeles,
ardían continuamente en el Cielo.

Fragmento

Vaga él, como un deslumbrante ensueño diurno,
a través de la desolada penumbra de su mente,
recorriendo bosques y senderos que parecen,
como el océano, no tener ni límite, ni confín, ni refugio.

Fragmento

¿Quién eres, presuntuoso, que así profanas
    la corona que sólo a los poetas inmortales pertenece
mientras como una luna menguante tú te desvaneces?
    No toques esas hojas que para los pocos eternos
que pasean por el paraíso de la fama
    crecieron con una dedicación sagrada:
tú sólo eres otro anónimo miembro de la masa.

¡Ah, amigo!, es un laurel falso el que llevo:
    por brillante que parezca, no es el mismo
que rodea la inmortal cabellera de Milton;
    veneno es su rocío, y las esperanzas que nacen
bajo su gélida sombra, aunque parezcan bellas,
    son flores que aun antes de marchitarse ya están muertas.

Fragmento

¡Desfallezco!, ¡muero con mi amor!,
    ¡languidezco como una nube cuyo brillo palidece
bajo la inconstante luz del anochecer!,
    ¡muero como neblina en el ventarrón
y como una ola en la calma me pierdo!

Fragmento

El rudo viento está entonando
    el réquiem de la música que ha muerto;
los fríos gusanos se adhieren al sitio
    en el cual los besos hace poco se nutrieron.

John Keats

«*De puntillas me elevé...*»

De puntillas me elevé en una pequeña colina;
el aire estaba frío, y tan calmo se hallaba
que los tiernos brotes que con modesto orgullo
inclinaban hacia abajo, cerrándose a un lado,
sus finos y aguzados tallos carentes de hojas
no habían aún perdido las diademas estrelladas
capturadas del temprano sollozar de la mañana.
Las nubes, puras y blancas como ovejas recién esquiladas
y conservando aún la frescura del claro arroyo,
dormían dulcemente sobre los azules campos del cielo,
y un silencioso estremecimiento entre las hojas se deslizaba,
nacido del suspiro que el mismo silencio exhalaba,
pues ni el más leve movimiento podía percibirse
entre las sombras que sobre el profundo verde reposaban.
Aun el ojo más ambicioso encontraba amplio espacio
para recrearse libremente en una inmensa variedad,
para otear a lo lejos el cristalino aire del horizonte
y descubrir los indecisos contornos de sus bordes,
para penetrar el singular y caprichoso retorcerse
de algún fresco e interminable sendero en los bosques,
o para, entre abovedados bajíos y frondosas prominencias,
adivinar dónde se refrescaban los sombríos arroyos.
Continué observando, y me sentí tan libre y ligero
como si en mis talones las veloces alas de Mercurio
jugueteando estuviesen; me hallaba alegre de corazón
y numerosos placeres súbitamente asaltaron mi visión,
de modo que de inmediato comencé a recoger un ramillete
de adornos brillantes, lechosos, rosáceos y suaves.

Una mata de flores de mayo con abejas a su alrededor:
¡ah!, de seguro no podría existir rincón apetecible sin ellas;
que un lozano codeso cubriéndolas por encima se extienda,
y que en torno a sus raíces crezca alta hierba para mantenerlas
húmedas, verdes y frescas; y nazcan en su sombra las violetas,
de modo que en la red de sus hojas capturar al musgo ellas puedan.

Un seto de avellanos ceñido por brezos silvestres,
y grupos de madreselva que reciban la suave brisa
sobre sus tronos estivos; y también deberían allí verse
las numerosas motas de un pequeño y joven árbol
que junto a varios hermanos verdes y claros surgiese
del extraño musgo de viejas raíces, y en cuyas
cercanías pudiese oírse un manantial de límpidas aguas
murmurando locamente sobre sus hermosas hijas,
las desplegadas campanillas, tal vez lamentándose

por el que ramos tan bellos deban ser rudamente arrancados
de sus frescos lechos para ser esparcidos descuidadamente luego
por manos infantiles que los abandonarán para morir en el sendero.

¡Abrid de nuevo vuestras circunferencias de pliegues estrellados,
oh, ardientes caléndulas!
¡Secad ya la humedad de vuestros dorados párpados,
pues el gran Apolo dispone
que en estos días vuestras alabanzas cantadas sean
con muchas arpas que él mismo recientemente ha encordado!
Y cuando vuestros rocíos vuelva él a besar,
decidle que os tengo en mi mundo de bienaventuranzas,
de modo que cuando vague yo por algún lejano valle
su poderosa voz pueda sobre el ventarrón acaso llegarme.

Aquí hay dulces guisantes, en puntas de pie para echar a volar,
con alas de un suave rubor sobre un delicado blanco
y con delgados dedos que de todas las cosas hacen presa
para, cubriéndolas de diminutos anillos, a ellas atarse.

Pero demoraos un momento sobre las tablas combadas
que se arriman a las juncosas orillas de un arroyo
y observad detenidamente los dulces quehaceres de la Naturaleza:
los encontraréis más delicados que el arrullo de palomas torcaces.
¡Qué silenciosa pasa el agua a través de ese recodo!
Ni el más mínimo susurro dirige a los sauces
que, suspendidos sobre ella, se mecen a uno y otro lado
mientras solitarios tallos de hierba flotan entre sus sombras
tan lentamente que podríais leer dos sonetos antes de que alcanzasen
el lugar en el que las presurosas ondas nunca dejan de predicar
un sermón natural sobre sus profundos lechos de piedra,
allí donde numerosos peces asoman sus pequeñas cabezas,
manteniendo sus ondulantes cuerpos contra la corriente,
para degustar la exuberancia de rayos solares
entibiados por la frescura del aire. ¡Cómo se estremecen
con su propio dulce deleite, siempre acomodando
sus plateados vientres sobre la arena pedregosa!
Si tan sólo extendierais ligeramente la mano,
en ese mismo instante ninguno quedaría,
pero apartad los ojos un momento y allí estarán todos de nuevo.
Las ondas del arroyo parecen felices de poder alcanzar
aquellos berros y de refrescarse entre sus trenzas esmeralda,
y, mientras se refrescan, frescura a su vez ellas dan,
y humedad para que aquella verde glorieta siga viva,
manteniendo así un dulce intercambio de favores
como buenos hombres en la rectitud de sus conductas.
A veces los jilgueros se dejarán caer uno tras otro

desde ramas no muy altas; por poco tiempo se demoran,
mientras beben, gorjean y alisan sus plumas, y se marchan
luego todos a la vez como por un raro capricho,
o quizás para exhibir sus negras y doradas alas
efectuando en su amarillo aletear una breve pausa.
Si estuviese yo en tal lugar, de seguro rogaría
que no robara mis pensamientos nada menos dulce
que el suave roce del vestido de una doncella
al abanicar las hojas de un diente de león
o que la ligera música de los dedos de sus pies
al hollar la hierba mientras vaga ella alrededor.
¡Cómo se sorprendería y se ruborizaría al ser así atrapada
jugando en toda la inocencia de su pensamiento!
¡Oh, dejadme conducirla gentilmente al otro lado del arroyo,
observar su leve sonrisa y sus ojos siempre bajos;
dejadme por un momento tocar sus muñecas,
dejadme por un momento su suave aliento escuchar!
Y, cuando me abandone, puede que vuelva con frecuencia
sus bellos ojos, mirándome por entre sus rizos castaños.

¿Qué más? Un ramillete de prímulas del atardecer
sobre el cual la mente pueda suspenderse hasta adormilarse,
y sobre el cual bien podría encontrar un placentero descanso
si no fuera porque se ve sobresaltada a cada instante
por el paso de los capullos a flores maduras, o por el revolotear
de varias mariposas que por siempre a descansar renuncian,
o por la luna que lentamente asoma sus plateados bordes
por sobre las nubes y que, con un gradual impulso,
invade con su argéntea luz el plácido azul nocturno.
¡Oh, madre de dulces poetas, amado deleite
de este hermoso mundo y de sus apacibles habitantes,
orfebre de nubes, halo de cristalinos ríos,
tú que te mezclas con las hojas, los arroyos y el rocío,
tú que cierras bellos ojos a bellos sueños,
amante de la soledad y del vagar sin rumbo,
esfera de elevada mirada y de tiernas cavilaciones!:
a ti debería yo alabarte por sobre todas las otras glorias
que nos sonríen para que narremos exquisitas historias,
pues ¿qué ha hecho al sabio o al poeta escribir
sino el bello paraíso de la luz de la Naturaleza?
En la serena grandeza de un sobrio verso
vemos el ondear de un pino en la montaña;
y cuando un relato es bello y formal,
sentimos la seguridad de un claro entre los espinos;
mas cuando se mueve con lujosas alas,
el alma se abisma en vértigos de singular placer,
hermosas rosas bañadas en rocío acarician nuestros rostros,

laureles en flor surgen de diamantinos jarrones,
delante de nosotros vemos jazmines, dulces brezos
y maduras uvas riéndose de sus verdes atavíos,
mientras a nuestros pies la voz de cristalinas burbujas
nos hechiza alejándonos de todos nuestros problemas,
de tal modo que nos sentimos elevados del mundo
cual si sobre blancas nubes encrespadas camináramos.
Así se sintió aquel que fue el primero en narrarnos
el viaje de Psique[1] sobre las brisas hacia reinos maravillosos,
lo que sintieron ella y Amor cuando sus labios
se tocaron por vez primera, qué amorosos y cariñosos pellizcos
entre suspiros se dieron en las mejillas el uno al otro,
cómo se besaron mutuamente los trémulos ojos,
y qué sucedió luego, el candil de plata, el éxtasis, el asombro,
la oscuridad, la soledad, el temible sonido del trueno,
hasta que, dejando sus penas detrás, se elevaron ambos al cielo
para ante el trono de Júpiter inclinarse con gratitud.
Así se sintió aquel que apartó las ramas
para que pudiésemos asomarnos a un vasto bosque
a fin de vislumbrar a las dríades y a los faunos
correteando por entre los árboles con el más suave rumor,
adornados con coloridas guirnaldas de dulces flores
prendidas a sus ágiles tobillos o a sus ebúrneas muñecas,
y que nos contó cómo huyó la bella y temblorosa Siringe
del arcádico Pan, presa del mayor de los terrores.[2]
¡Pobre ninfa! ¡Y pobre Pan!, ¡cómo lloró al no encontrar
más que el hermoso suspirar de la suave brisa
en el arroyo poblado de cañas: una melodía apenas oída,
llena de dulce desolación, dolor que alivia!

¿Qué inspiró por vez primera a un bardo de antaño a cantar
sobre Narciso doliéndose junto al límpido manantial?[3]
En algún delicioso paseo acaso encontró
un pequeño claro, rodeado de entretejidas ramas,
y, justo en el centro de este, el más tranquilo estanque
que jamás reflejara en su agradable frescura al azul cielo,
que aquí y allí serenamente se asomaba a través de guirnaldas
de zarcillos que asumían formas harto fantásticas;
y en la orilla del estanque acaso una flor solitaria descubriera,
una mansa flor desamparada, despojada de todo orgullo,

---

[1] Psique era, entre los helenos, la representación del alma humana. La historia de su romance con Eros o Cupido, dios del amor, fue narrada por Apuleyo (*El asno de oro*, IV, 28 a VI, 24).

[2] El mito de Pan y Siringe fue preservado por Ovidio. Para mayores datos sobre el particular, consultar la tercera nota al pie de *El himno de Pan* (p. 51).

[3] La historia de Narciso fue recogida tanto por Ovidio (*Metamorfosis*, III, 339 y ss.) como por Pausanias (*Descripción de Grecia*, IX, 31, 7 a 9). Ver la nota al pie de *Adonais* (p. 71).

inclinando su belleza sobre la claridad de las aguas
para más de cerca a su propia triste imagen cortejar;
sorda al leve céfiro, no se movería para nada,
sino que aún parecería inclinarse, sufrir, amar.
Así, mientras el poeta contemplaba ese dulce lugar,
de seguro algunos destellos en su propia fantasía nacieron
y no pasó mucho antes de que hubiese narrado
la historia del joven Narciso y de la triste congoja de Eco.

¿Y dónde habrá estado aquel de cuya febril mente surgió
la más dulce de todas las canciones, siempre nueva,
siempre refrescante, pura delicia,
que siempre acude a bendecir
al que vaga bajo la luz de la luna, llevándole
formas del mundo invisible y cánticos extraterrenales
que surgen del aire medio, de floridos nidos
y de la almohadillada sedosidad que descansa
extendida bajo la calma mirada de las estrellas?
¡Ah, sin duda atravesó él nuestras barreras mortales
y partió entonces hacia alguna maravillosa región
para buscarte a ti, divino Endimión![4]

Fue un poeta, y seguro que un amante también,
que estuvo en la cima del Latmos mientras soplaban
suaves brisas del valle de mirtos situado debajo
transportando, en un desmayo solemne, dulce y lento,
un himno del templo de Diana mientras el incienso
ascendía a la morada que ella tiene entre los astros.
Pero, aunque el rostro de la diosa resplandecía
como los ojos de un niño, y aunque sonreía ella
sobre el sacrificio, el poeta lloró ante un destino
tan funesto, lloró por el que tal belleza estuviese desolada,
de modo que en noble ira algunos dorados sonidos logró
y le dio así a la taciturna Cintia su amado Endimión.

¡Reina del amplio aire!, ¡tú, la más hermosa reina
de todo el brillo que mis ojos han jamás contemplado!,
así como excedes a todas las cosas con tu resplandor,
así esta historia que protagonizas excede a toda otra narración.
¡Oh, por tres palabras de miel con las que pudiera relatar
siquiera una sola de las maravillas de tu noche nupcial!

---

[4] El mito, que luego Keats ampliará en *Endimión*, de este pastor y Selene (también llamada
Cintia por un epíteto de Ártemis o Diana, diosa que a veces se asociaba a la luna) no nos llega
por autor específico alguno, pero pueden hallarse referencias suyas en las *Argonáuticas* de
Apolonio de Rodas, en la *Biblioteca* de Apolodoro, en los *Idilios* de Teócrito y en la *Descripción
de Grecia* de Pausanias. Consultar al respecto la tercera nota al pie de *Epipsychidion* (p. 60).

Allí donde distantes barcos apenas muestran sus quillas,
Febo[5] retrasó por un momento sus poderosas ruedas
y se volvió para sonreír sobre tus tímidos ojos
antes de su invisible pompa solemnizar.
El cielo del atardecer se hallaba tan brillante y claro
que los hombres saludables sentían una alegría inusual,
irguiéndose como Homero al son de la trompeta
o como el joven Apolo sobre su pedestal,
mientras que las mujeres se veían tan hermosas y cálidas
como Venus mirando de soslayo en profunda alarma.
Las brisas eran etéreas y puras y se deslizaron
a través de las ventanas entreabiertas para curar
a los lánguidos enfermos, refrescar sus febriles reposos
y sosegarlos conduciéndolos a profundos sueños.
Al poco, abrieron estos sus ojos, ni ardiendo de sed,
ni con los dedos calientes, ni con las sienes explotando,
y, pegando un salto, se encontraron con la vista maravillosa
de sus amigos más amados, que, casi locos de alegría,
los acariciaron y abrazaron, los besaron y miraron,
y de sus plácidas frentes los cabellos apartaron.
Los jóvenes y las doncellas mutuamente se contemplaron,
con las manos enlazadas detrás, inmóviles,
asombrados de ver tal brillo en los ojos del otro,
y así permanecieron, colmados de dulce sorpresa,
hasta que sus lenguas en poesía se soltaron,
por lo que ningún amante murió de pena
sino que los suaves versos pronunciados en ese momento
forjaron lazos de seda que no podrán romperse nunca.
¡Cintia!, no puedo contar las grandes bendiciones
que siguieron a la tuya y a los caros besos de tu amado.
¿Nació entonces un poeta? Pero basta por ahora:
mi errante espíritu no debe seguir volando.

---

[5] Febo era un epíteto que los griegos daban a Apolo como dios del sol.

La Belle Dame sans Merci

I

Oh, ¿qué puede afligirte, caballero armado,
que vagas tan pálido y tan solitario?
El junco está marchito en el lago
y de aves no hay un solo canto.

II

Oh, ¿qué puede afligirte, caballero armado,
que te ves tan macilento y tan apenado?
Lleno está el granero de la ardilla
y la cosecha ya ha sido recogida.

III

En tu frente veo un lirio
humedecido de angustia y de febril rocío,
y en tu mejilla una rosa desteñida
velozmente también se marchita.

IV

«Encontré a una dama en el prado,
muy hermosa, una doncella de las hadas;
su cabello era largo, sus pies eran ligeros,
y salvajes sus ojos miraban.

V

»Hice una guirnalda para su cabeza,
y también brazaletes y un fragante cinturón;
me miró ella al tiempo en que me amaba
y un dulce gemido profirió.

VI

»La senté sobre mi corcel al paso
y en todo el día ya no vi más nada,
pues hacia un lado ella se inclinaba
entonando una canción de hadas.

VII

»Me encontró raíces de dulce sabor,
y miel silvestre y rocío de maná;
y en una extraña lengua me dijo:
"¡Te amaré con fidelidad!".

VIII

»A su gruta élfica me llevó,
y allí lloró y suspiró con aflicción,
y allí cerré sus ojos frenéticos
con cuatro largos besos.

IX

»Y allí me arrulló hasta que me dormí,
y allí soñé, ¡ah, presagio de tormento!,
el último sueño que jamás soñé
en la ladera del frío cerro.

X

»Vi pálidos reyes, y príncipes también,
pálidos guerreros, todos con una palidez de muerte;
y al verme me gritaron: "¡La Bella Dama sin Piedad
esclavizado te tiene!".

XI

»Vi sus hambrientos labios en la oscuridad
en horrible advertencia abiertos,
y entonces desperté y aquí me encontré,
en la ladera del frío cerro.

XII

»Y es por eso que permanezco aquí,
vagando tan pálido y tan solitario
aunque el junco esté marchito en el lago
y de aves no haya un solo canto».

Oda a un ruiseñor

I

El corazón me duele y un pesado sopor aturde
   mis sentidos, como si hubiese bebido cicuta
o apurado algún fuerte narcótico hasta el fondo
   un minuto atrás y me hubiese sumergido en el Leteo[1];
y no por envidia de tu feliz destino,
   sino estando feliz a causa de tu felicidad,
     de que tú, dríade de alas ligeras de los árboles,
       en algún melodioso lugar
   de verdes hayas y sombras incontables
     a pleno pulmón cantas del verano con inmensa soltura.

II

¡Oh, lo que daría por un trago de vino que hubiese sido
   enfriado mucho tiempo en la tierra profundamente cavada,
que supiese a Flora[2] y al verde de los campos,
   a danza, a cantos provenzales y a soleado gozo!
¡Oh, lo que daría por un jarro del tibio Sur,
   lleno del verdadero, del rojo Hipocrene[3],
     con cuentas burbujeantes pestañeando en sus bordes
       y la boca de púrpura manchada,
   de modo que pudiese beber y dejar el mundo sin ser visto
     para contigo desvanecerme en los bosques sombríos!

III

Desvanecerme lejos, disolverme y olvidar
   lo que tú entre las hojas nunca has conocido:
el cansancio, la fiebre y las angustias propias de este lugar,
   donde los hombres se sientan y se escuchan gemir;
donde el temblor sacude unos pocos, tristes, últimos cabellos grises;
   donde la juventud palidece, se vuelve un espectro y muere;
     donde sólo pensar significa llenarse de tristeza
       y de una desesperación de lóbrega mirada;
   donde la Belleza no puede en sus ojos mantener el brillo
     y el nuevo Amor se cansa de ellos después de mañana.

---

[1] Uno de los ríos del Hades, aquel cuyas aguas conferían el olvido y del que las sombras de los muertos bebían para olvidar su existencia terrena.

[2] Diosa romana de la primavera, los frutos y las flores, equivalente a la Cloris griega.

[3] Hipocrene era la fuente de las musas, ubicada en el monte Helicón. Su nombre, que significa «la fuente del caballo», se debe a que sus aguas brotaron de las rocas cuando Pegaso, el caballo alado, golpeó la falda del monte con sus cascos (cfr. Ovidio, *Metamorfosis*, V, 250 y ss.). Beber de este manantial proporcionaba la inspiración poética.

IV

¡Lejos, lejos!, pues volaré hacia ti,
    no en el carro de Baco y sus leopardos,[4]
sino en las invisibles alas de la Poesía,
    aunque la torpe mente quede perpleja y se retrase.
¡Ya mismo contigo! Tierna es la noche,
    y quizás la reina Luna se encuentre ya en su trono,
        rodeada por todas sus hadas estelares,
                pero aquí no hay luz,
        salvo la que desde el cielo es por las brisas empujada
            a través de frondosas sombras y serpenteantes sendas musgosas.

V

No puedo ver qué flores hay a mis pies
    ni qué suave incienso cuelga de las ramas,
pero, en la fragante oscuridad, adivino
    cada dulce encanto con que el propicio mes dota
a la hierba, el matorral y el monte de árboles frutales,
    al blanco espino y la pastoral eglantina,
        a siempre moribundas violetas cubiertas de hojas
                y a la hija primogénita de mediados de mayo,
        la rosa almizcleña que pronto nacerá, llena de embriagante rocío,
            y que atraerá el murmullo de los insectos en las noches de verano.

VI

Entre las sombras escucho; y, aunque ya muchas veces
    me he enamorado un poco de la apacible Muerte
y le he dado dulces nombres en varias rimas inspiradas
    para llevar al aire mi tranquilo aliento,
ahora más que nunca parece hermoso morir,
    dejar de ser a la medianoche sin dolor,
        mientras tú estás derramando tu alma lejos
                en semejante éxtasis.
    Aún seguirías cantando, y yo tendría oídos en vano,
        vuelto tierra para tu sublime réquiem.

---

[4] Solía representarse a Baco en un carro tirado por leopardos.

VII

¡No has nacido para la muerte, ave inmortal!
    No te han derribado las generaciones hambrientas;
la voz que escucho en esta noche fugaz fue oída
    en tiempos antiguos por emperador y bufón;
quizás es el mismo canto que encontró un camino
        por el abatido corazón de Rut cuando, nostálgica de su tierra,
            derramó sus lágrimas en medio del maizal extranjero;[5]
                el mismo que con frecuencia
    ha hechizado mágicas ventanas que se abrían a la espuma
    de peligrosos mares en tierras de hadas ya olvidadas.

VIII

¡Olvidadas!, la misma palabra es como una campana
    que tañendo me aleja de ti hacia mi soledad.
¡Adiós!, la fantasía no puede engañar tan bien
    como su fama cuenta, elfo embustero.
¡Adiós, adiós!, tu himno lastimero se desvanece
    más allá de estos prados, sobre el tranquilo arroyo,
        ladera arriba, y ahora se hunde profundamente
            en los cercanos claros del valle:
    ¿fue una visión o un sueño de vigilia?
        Ha huido la música... ¿despierto o estoy dormido?

---

[5] Alusión a la historia de la moabita que da nombre al libro de Rut, el octavo de la Biblia. Tras emigrar de Moab y establecerse en Belén, Rut se ganó el sustento trabajando en el campo de Boaz, quien finalmente la desposó y fue con ella padre de Obed, abuelo paterno del rey David.

Oda a una urna griega

I

¡Tú, aún inmaculada novia de la calma!,
  ¡tú, criatura nutrida por el silencio y por el lento tiempo,
historiadora del bosque, que así expresar puedes
  un florido relato de forma más dulce que nuestras rimas!:
¿qué leyenda con hojas orlada vaga en torno a tu figura,
  ya de deidades, de mortales o de ambos,
    situada en el Tempe o en los valles de Arcadia?
    ¿Qué hombres o dioses son ellos?, ¿qué esquivas doncellas?,
¿qué persecución delirante?, ¿qué lucha por escapar?,
    ¿qué flautas y panderos?, ¿qué éxtasis salvaje?

II

Dulces son las melodías oídas, pero aquellas nunca oídas
  mucho más dulces son aún; por lo tanto, seguid tocando,
suaves flautas, no para el oído físico, sino, más encariñadas,
  tocad canciones silenciosas para el alma.
Bello joven bajo los árboles, no puedes tú abandonar tu canto,
  así como tampoco pueden quedar sin hojas esas ramas.
    Osado amante, nunca, nunca podrás tú besarla,
por mucho que a sus labios te acerques; mas no te aflijas:
nunca podrá ella marchitarse, aunque no puedas tú la dicha alcanzar,
    ¡por siempre tú amarás y ella hermosa permanecerá!

III

¡Ah, felices, felices ramas, que no podéis perder
  las hojas ni decir jamás adiós a la perenne Primavera!;
¡y tú, feliz melodista, que, infatigable,
  por siempre ejecutas con tu flauta canciones nuevas!;
¡y tú, amor, aún más feliz, más feliz, feliz amor,
  por siempre cálido y aún por ser disfrutado,
    por siempre anhelante y por siempre joven!,
  todos muy por encima de la pasión humana,
la cual nos deja siempre el corazón triste y hastiado,
    la frente ardiente y la lengua penosamente abrasada.

IV

¿Quiénes son aquellos que se dirigen hacia el sacrificio?
 ¿A qué verde altar, oh, misterioso sacerdote,
conduces tú a esa ternera que al cielo muge
 con sus sedosos flancos por guirnaldas cubiertos?
¿Qué pequeña aldea con río o costa lindante,
 o sobre montaña construida con pacífica ciudadela,
  quedó vacía de sus gentes esta piadosa mañana?
 ¡Ah, pequeña aldea, tus calles por siempre
en silencio quedarán, y ni un alma para explicar
  por qué tú desolada estás podrá jamás retornar!

V

¡Oh, figura ática!, ¡noble disposición!, profusamente ornada
 con hombres y doncellas en mármol cincelados,
con ramas de bosques y con hierbas holladas;
 ¡tú, forma silenciosa!, que nos sumes en el pensamiento
tal como la eternidad lo hace, ¡oh, fría pastoral!:
 cuando la vejez consuma a esta generación,
  tú sobrevivirás, entre aflicciones distintas a las nuestras,
 como una amiga para el hombre, a quien dices:
«La belleza es verdad; la verdad, belleza»; eso es todo
  lo que sabes en la tierra, y todo lo que saber necesitas.

Oda a Psique

¡Oh, diosa!, escucha estos desafinados versos,
    arrancados por dulce compulsión y amados recuerdos,
y perdona el que tus secretos vayan a ser cantados
    aun en tus suaves oídos acaracolados.
¿Soñé hoy acaso o es que realmente he visto
    a la alada Psique con ojos despiertos?
Vagaba por un bosque con la mente en blanco
    hasta que, súbitamente, desfalleciendo por la sorpresa,
vi a dos hermosas criaturas que juntas yacían
    en la profunda hierba, bajo un susurrante techo
    de hojas y flores temblorosas cerca del cual corría
        un arroyo apenas visible.

Entre silenciosas flores de frescas raíces y yemas fragantes,
    azules, plateadas y de purpúreos brotes,
yacían en tranquilo reposo sobre el lecho de hierba,
    abrazados sus miembros y también sus alas;
    sus labios no se tocaban, pero tampoco se habían dicho adiós,
cual sólo separados por el sueño de suaves manos
y todavía dispuestos a sobrepasar los besos ya dados
    al tierno abrir de ojos de la amorosa aurora;
        al muchacho alado lo conocía,
    pero ¿quién eras tú, oh, feliz, feliz paloma?
        ¡Su Psique fiel!

¡Oh, tú, la última en nacer pero la más hermosa visión
    de toda la marchita jerarquía del Olimpo!,
más bella que la estrella de Febe por zafiros rodeada
    o que Véspero, ardorosa luciérnaga del cielo;[1]
más bella que estas aun cuando templo no tengas,
        ni altar de flores colmado,
ni coro de vírgenes que lancen deliciosos gemidos
        en las horas de la noche,
ni voz, ni laúd, ni flauta, ni fragante incienso
    ascendiendo de algún incensario de cadena colgado,
ni santuario, ni bosque, ni oráculo, ni ardor
    de profeta de pálidos labios soñando.

---

[1] Febe era uno de los epítetos de Ártemis o Diana en tanto diosa de la luna, mientras que Véspero (Héspero entre los griegos) era el lucero vespertino, es decir, el planeta Venus visto por la tarde (al alba recibía el nombre de Eósforo o Lucifer).

¡Oh, tú, la más brillante!, ya es demasiado tarde
    para votos antiguos, demasiado tarde para la creyente lira
de cuando sagradas eran las ramas de los bosques,
    sagrados el aire, el agua y el fuego;
sin embargo, aun en estos días tan alejados
    de alegres devociones, tus relucientes alas,
    que se agitan entre los ajados moradores del Olimpo,
puedo yo ver y cantar, por mis propios ojos inspirado.
Déjame entonces ser tu coro y lanzar un gemido
            en las horas de la noche,
tu voz, tu laúd, tu flauta, tu fragante incienso
    ascendiendo de algún oscilante incensario,
tu santuario, tu bosque, tu oráculo, tu ardor
    de profeta de pálidos labios soñando.

Sí, yo seré tu sacerdote, y un templo edificaré
    en alguna no hollada región de mi mente,
donde ramificados pensamientos, nacidos con agradable dolor,
    en lugar de pinos murmurarán bajo el viento;
y lejos, lejos en torno, esos oscuros árboles congregados
    cubrirán las salvajes montañas cima a cima;
y allí, por céfiros, arroyos, aves y abejas, las dríades
    echadas sobre el musgo serán convidadas al sueño;
y en medio de esa vasta quietud
    un rosáceo santuario adornaré
con el rico emparrado de una mente laboriosa,
    con brotes, flores y estrellas sin nombre,
con todo lo que la Fantasía pudo jamás concebir,
    jardinera que, criando flores, nunca criará las mismas;
y existirán para ti todas las suaves delicias
    que el pensamiento crepuscular alcanzar puede,
una antorcha brillante, y una ventana abierta a la noche
    para dejar que el cálido Amor entre.

Al Otoño

I

Estación de nieblas y de jugosas sazones,
   gran compañera del sol que todo lo madura,
que conspiras con él para bendecir y llenar
   de frutos las viñas que a los tejados rodean,
para encorvar con manzanas a los musgosos árboles
   del huerto, para sazonar toda fruta hasta el corazón,
     para inflar la calabaza y dotar a las avellanas
de un dulce interior, y para dar vida a más brotes,
   más y más aún, flores tardías para las abejas,
   que creerán así que los días cálidos nunca cesarán
     pues el Estío ha colmado ya sus viscosas celdas.

II

¿Quién no te ha visto en medio de tu abundancia?
   A veces, quien quiera que busque puede encontrarte
sentada con descuido en el suelo de un granero,
   con tu cabello agitado por el soplo de la aventadora,
o profundamente dormida sobre un surco a medio segar,
   ebria por los efluvios de la amapola, mientras tu hoz
     perdona a la siguiente gavilla y a sus flores entrelazadas;
y en ocasiones, como una espigadora, mantienes
   firme tu cargada cabeza al cruzar un arroyo,
   o junto a un lagar de sidra, con paciente mirada,
     hora tras hora el último rezumar de la bebida vigilas.

III

¿Dónde están las canciones de la Primavera? Sí, ¿dónde están?
   No pienses en ellas ahora, tú tienes tu música también:
cuando las nubes cual flores salpican el suave ocaso
   y tocan las llanuras con matices rosáceos,
entonces, en un coro lastimero, los insectos
   se lamentan entre los sauces del río, ya elevándose
     o cayendo conforme el leve viento sople o muera;
numerosos corderos balan en las lejanas colinas;
   los grillos cantan en el seto; el petirrojo,
   con agudo trino, silba desde los cercos de un huerto;
     y las golondrinas, congregándose, gorjean en los cielos.

Oda a la Melancolía

I

¡No, no!, no te apresures al Leteo ni exprimas
   el acónito de fuertes raíces en busca de su vino venenoso;
no dejes que tu pálida frente besada sea
   por la belladona, uva color rubí de Proserpina;
no confecciones tu rosario con las bayas del tejo
   ni permitas que el escarabajo o la polilla de la muerte
      sean tu Psique plañidera, o que el plumoso búho
tome parte alguna en los misterios de tu tristeza,[1]
   pues las sombras lentamente sobre ti se abatirán
      y la insomne angustia de tu alma ahogarán.

II

Mas cuando el acceso de melancolía caiga
   repentino desde el cielo, como una nube que al derramarse
nutre a las innúmeras flores marchitas
   y oculta bajo una mortaja de abril a la verde colina,
anega tu tristeza en una rosa temprana,
   en el arco iris de la ola arenosa y salada
      o en la riqueza de redondas peonías;
o bien, si tu amada manifiesta alguna ira ruidosa,
   aprisiona su suave mano, déjala enfurecerse
      y aliméntate profundo en sus incomparables ojos.

III

Ella habita con la Belleza, Belleza que debe morir;
   y con la Alegría, cuya mano se halla siempre en sus labios
diciendo adiós; y con el doloroso Placer muy cerca,
   que en veneno se torna apenas la boca lo prueba;
sí, en el mismo templo del Deleite
   la Melancolía tiene su trono soberano,
      aunque a nadie sea visible salvo a aquel cuya lengua
aplaste la uva de la Dicha contra su fino paladar:
   esa alma probará la tristeza de su poder
      y entre sus sombríos trofeos luego colgará.

---

[1] El acónito, la belladona y el tejo son plantas venenosas, mientras que el escarabajo, el búho y la polilla o esfinge de la calavera (*Acherontia atropos*) son todos símbolos populares de la muerte.

Soneto

A quien ha permanecido mucho tiempo
    encerrado en la ciudad grato le es contemplar
    el bello rostro del amplio cielo y susurrar
una plegaria bajo la azul sonrisa del firmamento.
¿Quién puede ser más feliz que él cuando,
    con alegre corazón, se hunde, fatigado,
    en algún placentero reducto de ondulante hierba
y lee un gentil y tierno relato de amor y sufrimiento?
Al retornar a su hogar al anochecer, con sus oídos
    escuchando las notas de Filomela[1] y con sus ojos
contemplando la brillante carrera de las nubes que navegan,
    laméntase por el que ese día se haya deslizado
tan velozmente como la lágrima de un ángel
    que, a través del límpido éter, cae silenciosamente.

Soneto

¡Oh, cómo amo, en un bello atardecer de verano,
    cuando el dorado poniente vierte arroyos de luz
    y en los balsámicos céfiros tranquilas descansan
las nubes plateadas, alejarme de todo lo cotidiano
y tomarme de las preocupaciones un dulce descanso!;
    encontrar entonces, en una breve búsqueda,
    un fragante refugio, embellecido por la Naturaleza,
y allí distraer mi alma con agradables deleites,
templar mi pecho con patrióticos saberes, meditando
    en el destino de Milton y en el féretro de Sidney
    hasta que sus adustos semblantes ante mí aparecen,
o elevarme acaso en las mágicas alas de la Poesía
    y derramar con abundancia deliciosas lágrimas
    cuando soy hechizado por alguna triste melodía.

---

[1] Filomela es una forma poética de llamar al ruiseñor tras un mito helénico, muy extendido en la literatura clásica, que fue tratado por Ovidio (*Metamorfosis*, VI, 412 y ss.), Higino (*Fábulas*, 45) y Apolodoro (*Biblioteca*, III, 14, 8). Tereo, rey de Tracia, desposó a Procne, quien le dio un hijo. Tiempo después, el rey, inflamado por voraz pasión, violó a Filomela, hermana de Procne, razón por la cual ambas mujeres decidieron vengarse de él dándole a comer su propio hijo. Cuando la venganza se hubo consumado, el rey, enterado, se dispuso a matar a las hermanas, pero entonces los dioses transformaron a Filomela en ruiseñor, a Procne en golondrina y a Tereo en abubilla.

Soneto

Cortantes e intermitentes ráfagas susurran
  por doquier entre los arbustos pelados y secos,
  en el cielo las estrellas tiemblan heladas,
y yo aún tengo muchas millas a pie por delante.
Sin embargo, poco me inquieta el aire frío y desolado,
  o las hojas secas que murmuran tristemente,
  o las plateadas lámparas que arden en lo alto,
o la larga distancia hasta el agradable calor del hogar,
pues estoy embriagado por la cordial amistad
  que he encontrado en una pequeña cabaña,
por el elocuente sufrimiento del dorado Milton
  y todo su amor por el dulce Lycidas ahogado,
y por la hermosa Laura vestida de verde claro
  y su fiel Petrarca por la gloria coronado.[1]

Soneto

¿Por qué reí esta noche? Ninguna voz me lo dirá,
  y ni dios ni demonio de severa respuesta
se digna a responderme desde el Cielo o el Infierno.
  A mi corazón humano, pues, me vuelvo.
¡Corazón!, estamos ambos aquí, tristes y solos,
  dime, ¿por qué reí esta noche? ¡Oh, mortal dolor!
¡Oh, tinieblas, tinieblas!, por siempre gemiré
  preguntando al Infierno, al Cielo y al corazón en vano.
¿Por qué reí? Conozco el plazo concedido a mi ser,
  mis fantasías saben a menudo hacerme dichoso,
y, aun así, esta misma noche querría yacer muerto
  y ver las claras enseñas del mundo ondear desgarradas;
la Poesía, la Belleza y la Fama son ciertamente intensas,
pero la Muerte lo es más, de la Vida galardón supremo.

---

[1] Alusiones a *Lycidas*, elegía pastoral que John Milton escribió tras la muerte de su condiscípulo Edward King, y a los versos que Petrarca dedicó a Laura en sus obras *Canzoniere* e *I Trionfi*.

Soneto

Cuando oscuros vapores han oprimido nuestras tierras
   durante un largo y sombrío invierno, llega un día,
   nacido en el amable sur, que, súbitamente,
de los enfermos cielos toda desagradable mancha disipa.
El mes ansioso, aliviado de sus lóbregos pesares,
   aspira el aire de mayo como un derecho olvidado
   mientras nuestros párpados juegan con la fresca brisa
cual pétalos de rosa con las gotas de estivales lloviznas.
Y los más calmos pensamientos entonces nos rodean:
   hojas naciendo, frutos madurando en la quietud,
soles otoñales sonriendo sobre inmóviles gavillas,
las mejillas de la dulce Safo[1], el aliento de un niño
   que duerme, el gradual correr de un reloj de arena,
un arroyuelo en un bosque, la muerte de un poeta.

Soneto

Oh, tú cuyo rostro ha sentido el viento del invierno,
tú cuyos ojos han visto las nubes de nieve en lo alto
y la negra copa de los olmos entre las gélidas estrellas:
   para ti la primavera un tiempo de cosechas será.
Oh, tú cuyo único libro ha sido toda la luz que iluminó
la más suprema oscuridad, luz en la que te alimentaste
noche tras noche mientras Febo se hallaba lejos:
   para ti la primavera un triple amanecer parecerá.
Oh, no te fatigues tras el conocimiento: ninguno tengo,
y, sin embargo, espontáneo surge mi canto con el entusiasmo;
oh, no te fatigues tras el conocimiento: ninguno tengo,
   y, sin embargo, con atención me escucha el anochecer.
Aquel a quien el ocio entristece no puede ocioso permanecer,
y despierto se encuentra aquel que dormido cree estar.

---

[1] Safo, nativa de la isla de Lesbos, fue una célebre poetisa griega del período arcaico.

Soneto

Cuando siento temores de que pueda dejar de existir
   antes de que mi pluma haya espigado mi fecundo cerebro,
antes de que altas pilas de libros impresos
   guarden, como ricos silos, el grano ya maduro;
cuando descubro, en el rostro estrellado de la noche,
   vastos símbolos nubosos de un sublime romance
e imagino que quizás no viva para rastrear
   sus sombras con la mágica mano del azar;
y cuando siento, hermosa criatura de una hora,
   que jamás volveré a posar mi mirada sobre ti,
que jamás saborearé el feérico poder
   del amor irreflexivo, entonces, a la orilla
del ancho mundo y en la más completa soledad, pienso
hasta que el Amor y la Fama se desvanecen en la nada.

A la Fama

Es la Fama, como una muchacha caprichosa,
   esquiva a quienes la cortejan con serviles rodillas,
pero se rinde fácil ante el joven que no la mira
   y de los corazones satisfechos se enamora;
es como una gitana, que nunca hablará a aquellos
   que no han aprendido a estar contentos sin ella;
es como una renuente coqueta, a cuyo oído
   nadie puede susurrar y que piensa que la difaman
cuando de ella oye hablar; una verdadera egipcia es,
   nacida en el Nilo, cuñada del celoso Potifar.[1]
¡Oh, bardos enamorados, pagadle desdén con desdén!;
   ¡oh, artistas rechazados, lunáticos como sois,
hacedle vuestra mejor reverencia y decidle adiós,
que entonces, si ella quiere, al poco tiempo os seguirá!

---

[1] Se narra en el Génesis, 39, que Potifar, un oficial del faraón, compró como esclavo al patriarca José. La mujer de Potifar intentó seducir al esclavo, pero, al ser este leal a su amo y desdeñarla, la despechada egipcia le acusó ante su marido de lo contrario y labró de ese modo la ruina del hebreo. Keats hace a la Fama hermana de esta mujer que buscaba a quien la rechazaba.

A Byron

¡Byron!, cuán dulcemente triste es tu melodía
    y cómo transporta al alma hacia la ternura,
    como si la suave Piedad, con un énfasis inusitado,
hubiese tañido su lastimero laúd y tú, estando cerca,
hubieses preservado sus notas, impidiéndoles morir.
    Mas las tinieblas de tu aflicción no te hacen
    menos placentero: tus congojas se revisten
de un brillante halo que se derrama en destellos,
como cuando, al velar una nube la luna dorada,
    sus bordes se tiñen de un irreal resplandor
y ambarinos rayos atraviesan el oscuro manto
    fluyendo como claras venas en un negro mármol.
¡Oh, sigue cantando, cisne moribundo, sigue narrando
    tu arrebatador relato, el relato del agradable dolor!

A Chatterton

¡Oh, Chatterton, cuán infortunado fue tu destino!
    ¡Amado retoño de la tristeza, hijo de la miseria,
    cuán pronto el velo de la muerte cubrió esos ojos
en los que resplandecían el genio y la sublime razón,
cuán pronto esa voz majestuosa y elevada se disolvió
    en versos agónicos! ¡Oh, cuán cerca de tu bella mañana
    se hallaba la noche: moriste cual una flor deshojada
que es abatida por gélidas ráfagas! Pero eso ha pasado:
ahora te encuentras entre las altas estrellas del cielo
    y a las esferas dulcemente cantas sin que ya nada
pueda tus himnos lastimar, entonados muy por encima
    de este mundo ingrato y de los temores humanos,
mientras en la tierra el hombre sabio toda crítica aparta
    de tu bello nombre, cuya memoria lava con sus lágrimas.

Escrito con desprecio a la superstición vulgar

Las campanas de la iglesia tañen melancólicamente
   convocando a la gente a nuevas plegarias,
   a nuevos abatimientos, a más espantosas inquietudes
y a seguir escuchando el hórrido sonido del sermón.
De seguro la mente humana ha de hallarse firmemente atada
   a algún negro hechizo, puesto que todos se apartan
   del gozo junto al fuego, de los suaves aires lidios[1]
y del elevado diálogo con aquellos por la gloria coronados.
Aún, aún tañen, y yo sentiría una humedad,
   un frío como del sepulcro, si no supiese
que están agonizando como una vela consumida,
   que estos son los suspiros con los que se lamentan
   antes de caer en el olvido, y que nuevas flores crecerán
junto a muchas glorias de estampa inmortal.

Escrito sobre la cima del Ben Nevis

¡Recítame una lección, oh, musa, y hazlo bien fuerte
   sobre la cima del Nevis, por las nieblas cegado!
Miro hacia los abismos que se abren debajo
   y un velo vaporoso los oculta: sólo eso
es lo que el hombre sabe del Infierno; miro hacia arriba
   y sólo hay triste neblina: no más que eso
puede el hombre decir del Cielo; la niebla se esparce
   sobre la tierra, debajo de mí: justo así,
igual de vaga, es la visión del hombre sobre sí mismo.
   Aquí están las escarpadas rocas bajo mis pies,
y así sé que, pobre elfo sin genio, piso en ellas;
   todo lo que mi vista alcanza es bruma y peñasco,
no sólo en estas alturas, sino también en el mundo
del poder mental y el pensamiento humanos.

---

[1] Los «suaves aires lidios», una imagen para referirse a la poesía, es una expresión sacada
del primero de los poemas gemelos *L'Allegro* e *Il Penseroso*, de John Milton.

Al Sueño

Oh, tú que, suave, embalsamas la tranquila medianoche,
    cerrando, con dedos cuidadosos y benignos,
nuestros ojos complacidos en las tinieblas,
    refugiados de la luz, ensombrecidos en un olvido divino;
¡oh, Sueño portador de sosiego!, cierra, si así te place,
    en medio de este, tu himno, mis dóciles ojos,
o aguarda al «Amén» antes de que tu amapola derrame
    en torno a mi lecho sus adormecedoras propiedades.
    Y entonces sálvame, o la pasada jornada volverá
a brillar en mi almohada, trayendo muchas aflicciones;
    protégeme de la curiosa conciencia, que aún domina
su fuerza en la oscuridad, cavando como un topo;
    gira diestramente la llave en el aceitado cerrojo
y el silencioso ataúd de mi alma sella del todo.

Sobre un sueño

*- Tras leer, en el «Infierno» de Dante,
el episodio sobre Paolo y Francesca[1] -*

Así como Hermes una vez se quitó sus ligeras plumas,
    cuando engañó, arrulló, desmayó y durmió a Argos,[2]
del mismo modo mi ocioso espíritu, con una flauta délfica,
    así tocó, así encantó, así conquistó y así privó
al mundo-dragón de todos sus cien ojos,
    y, viéndolo al fin dormido, lejos huyó,
no hacia el puro Ida con sus gélidos cielos,
    ni hacia el Tempe, donde Júpiter se afligiera un día,
sino hacia ese segundo círculo del triste Infierno
    donde, entre las ráfagas, los torbellinos y la caída
de lluvia y de granizo, los amantes no necesitan narrar
    sus tristezas. Pálidos estaban los dulces labios que allí vi,
pálidos estaban los labios que besé, y bella era la figura
junto a la cual floté bajo la melancólica tormenta.

---

[1] Cfr. Dante, *Divina comedia*, Infierno, Canto V.

[2] Narra Ovidio (*Metamorfosis*, I, 622 y ss.) que Hermes, por pedido de Zeus, se quitó las alas de sus pies para hacerse pasar por un pastor y, valiéndose de una flauta y una vara de beleño, adormeció y mató a Argos, gigante que con sus cien ojos, que se turnaban para dormir, vigilaba insomnemente a Ío, amante de Zeus que había sido convertida en ternera.

Sobre el Mar

Se mantiene susurrando eternamente en torno
  a costas desoladas, y con su inmensa marea
  inunda dos veces diez mil cavernas hasta que el hechizo
de Hécate[1] les devuelve su antiguo sonido sombrío.
Es a menudo en ese humor apacible que uno descubrirá
  que la más pequeña conchilla apenas se ha movido
  durante días del sitio en el cual quedó cuando
por última vez los vientos del cielo se desencadenaron.
¡Oh, tú que tienes los ojos doloridos y cansados!,
  déjalos banquetearse sobre la inmensidad del Mar;
    ¡oh, tú cuyos oídos se hallan ensordecidos por rudo alboroto
o excesivamente alimentados con fastidiosa melodía!,
    siéntate a la boca de alguna vieja caverna y medita
hasta que te sobresaltes como con los coros de ninfas marinas.

Soneto

¡Brillante estrella!, querría ser tan inmutable como tú;
  mas no suspendido con solitaria luz en lo alto de la noche
para observar con párpados eternamente abiertos,
  como un paciente e insomne eremita de la Naturaleza,
a las tumultuosas aguas en su sacerdotal tarea
  de purificar con su ablución las humanas costas de la tierra,
o para contemplar la reciente máscara de nieve
  suavemente caída sobre páramos y montañas;
no, y sin embargo inmutable, siempre inmóvil,
  con el pecho de mi bella amada como almohada,
para sentir por toda la eternidad su suave respirar,
  por siempre despierto en una dulce vigilia,
siempre, siempre escuchando su tierno aliento,
y así vivir eternamente... o perderme en lo hondo de la muerte.

---

[1] Diosa griega de la noche, la magia y los espectros. A veces se la asociaba (como lo hace
Keats en este caso, refiriéndose a su influjo sobre las mareas) con Ártemis y la luna.

Endimión

- Comienzo del Libro I -

Una cosa bella es un goce eterno:
su hermosura va en aumento, jamás
pasará a la nada, sino que siempre nos ofrecerá
un tranquilo refugio, un sueño lleno
de dulces visiones, salud y un calmo respirar.
Por eso, día tras día, tejemos una guirnalda
de flores para atarnos a la tierra, aun a pesar
del desasosiego, de la inhumana escasez
de naturalezas nobles, de los días sombríos
y de todos los caminos de enfermedad y de tiniebla
abiertos a nuestra búsqueda... Sí, aun a pesar de todo,
siempre alguna forma bella aparta el velo mortuorio
que cubre nuestros oscuros espíritus. Así sucede con el sol,
con la luna y con árboles ya viejos o jóvenes que extienden
la dicha de sus sombras para las mansas ovejas;
así sucede con los narcisos en el verde mundo en el que moran,
con los claros arroyuelos que para sí mismos construyen
un refrescante cobijo contra la calurosa estación
y con el helecho del bosque, enriquecido por bellos brotes
de rosas almizcleñas; y así también con la magnificencia
de los destinos que hemos imaginado para los grandes muertos
y con todas las hermosas narraciones que hemos leído
o escuchado, una inagotable fuente de elíxir inmortal
derramándose sobre nosotros desde el borde de los cielos.

Y no percibimos estas esencias tan sólo
por una hora fugaz, no: así como los árboles
que alrededor de un templo susurran pronto se vuelven
algo tan venerado como el templo mismo,
así la luna y la pasión de la poesía, glorias infinitas,
nos persiguen hasta que se tornan una luz de gozo
para nuestras almas y nos rodean tan estrechamente
que, ya predomine el brillo o la penumbra,
deberán estar siempre con nosotros o morimos.

[...]

¡Oh, tú, el techo de cuyo magnífico palacio se sostiene
sobre troncos hendidos, cubriendo con su sombra
eternos susurros, tinieblas y el lento nacer, vivir y morir
de invisibles flores sumidas en tranquila quietud;
tú que amas ver a las hamadríades arreglar
sus despeinados rizos bajo la oscuridad de los avellanos
y que durante largas y solemnes horas te sientas,
mientras escuchas las melancólicas melodías de los juncos,
en desolados sitios en los que la intensa humedad
hace crecer a la cicuta de manera extraña y desmesurada,
pensando allí cuán tristemente desafortunado fuiste
al perder a la bella Siringe!:
por la blanca frente de tu amada, y por todos
los temblorosos laberintos que en su huida atravesó,
¡escúchanos, oh, gran Pan!

¡Oh, tú, por cuyo tranquilo bienestar las tórtolas
moderan sus trinos en un apasionado arrullo entre los mirtos
cada vez que durante la tarde te ven vagar
a través de los soleados prados que bordean
los límites de tus musgosos reinos; oh, tú, a quien
las higueras de grandes hojas predestinan ya
sus frutos maduros, la abeja ceñida de amarillo
sus dorados panales, los prados de nuestra aldea
sus habas más bellamente florecidas y su trigo,
el pardillo gorjeador sus cinco crías aún no nacidas
que te dedicarán sus cantos, las fresas trepadoras
su frescor veraniego, las crisálidas de mariposa
sus moteadas alas, y el nuevo año que despierta
todo lo que la naturaleza dé: ven, ven ya a nosotros!;
por cada viento que a los pinos de las montañas sacude,
¡ven, oh, deidad de los bosques!

¡Tú, por quien cada fauno y sátiro se apresura
en obediente servicio, ya sea para sorprender
a la acurrucada liebre mientras yace dormitando,
o para volar hacia escarpados precipicios a fin de salvar
de las garras de las águilas a los indefensos corderos,
o para con misteriosos señuelos conducir nuevamente
a los pastores extraviados hacia sus caminos,
o para recorrer, jadeantes, las espumosas corrientes,
recogiendo de ellas las más fantásticas conchillas
para que luego tú las arrojes a las celdas de náyades
y, escondido, rías al verlas asomarse sorprendidas,
o para llenarte de deleite con increíbles piruetas

mientras se tiran unos a otros a la cabeza,
con violencia, blancas bellotas y piñas marrones!:
por todos los ecos que alrededor tuyo resuenan,
¡escúchanos, oh, sátiro rey!

¡Oh, tú, que oyes el fuerte ruido de las tijeras
cuando cada tanto a sus ya esquilados compañeros
se dirige balando un carnero; tú que haces sonar el cuerno
cuando jabalíes de prominente hocico, pisando la tierna mies,
enfurecen a los cazadores; tú que soplas en torno a nuestras granjas
para mantener alejado el mildiú y los daños de las estaciones;
extraño ministro de indescriptibles sonidos
que llegan desmayándose sobre vastas hondonadas
y que se marchitan tristemente luego en tierras desoladas;
temible guardián que abres las misteriosas puertas
que llevan al conocimiento universal: contempla,
oh, gran hijo de Dríope,[1]
los muchos que han venido a cumplir sus votos
con la frente coronada de hojas!

¡Sé aún el inimaginable refugio
de las meditaciones solitarias, de esas que desvían
toda idea hasta las mismas lindes del cielo
para dejar a la mente desnuda luego; sé aún la influencia
que, esparciéndose en esta tierra vulgar y pedregosa,
le da un toque etéreo, un nuevo nacimiento;
sé aún un símbolo de la inmensidad,
un firmamento reflejado en un mar,
un elemento que llena el espacio intermedio,
algo desconocido! Pero es suficiente. Ocultamos devotamente
nuestras frentes bajo las manos alzadas, inclinándonos,
y, lanzando un grito capaz de rasgar los cielos,
te imploramos que recibas este humilde peán
sobre tu monte Liceo[2].

---

[1] Según el decimonoveno de los *Himnos homéricos*, dedicado a Pan, el dios arcádico era hijo de Hermes y de cierta hija del rey Dríops que algunas fuentes (entre ellas, el *Diccionario clásico* de John Lemprière, en el que se basaba Keats) identifican como la ninfa Dríope.

[2] El monte Liceo, situado en Arcadia, era uno de los principales lugares del culto a Pan.

Lamia

PARTE I

Hace mucho tiempo, antes de que la estirpe de las hadas
expulsara a las ninfas y a los sátiros de los prósperos bosques,
antes de que la brillante diadema del rey Oberón[1],
su cetro y su manto con gemas de rocío abrochado
alejaran con horror a las dríades y a los faunos
de los verdes juncos, los matorrales y los campos,
el siempre enamoradizo Hermes vacío dejó
su trono dorado, ardiendo en amoroso rapto;
del alto Olimpo se escabulló con presteza,
de este lado de las nubes del poderoso Júpiter,
para escapar a la vista de su gran convocador y retirarse
a un profundo bosque situado en las costas de Creta.
Pues en algún lugar de esa sagrada isla moraba una ninfa
ante la cual todos los ungulados sátiros se inclinaban
y a cuyos blancos pies los lánguidos tritones vertían perlas
mientras en la tierra se marchitaban reverenciándola.
Velozmente por las fuentes donde ella acostumbraba bañarse,
y por aquellos prados donde en ocasiones solía vagar,
se esparcieron ricos regalos, desconocidos para cualquier musa
aun cuando el baúl de la Fantasía abierto para elegir estuviese.
¡Ah, qué mundo de amor había a sus pies!
Así pensó Hermes, y un fuego celestial subió
ardiente desde sus alados talones hasta cada oído,
que, de una blancura tal como la de las claras azucenas,
se ruborizaron como rosas en medio de su dorada cabellera,
la cual en profusos rizos sobre sus desnudos hombros caía.
De valle en valle, de bosque en bosque voló él,
susurrando sobre las flores su nueva pasión
y recorriendo varios ríos hasta sus fuentes para descubrir
dónde esta dulce ninfa su secreto lecho poseía.
Pero en vano: la hermosa ninfa en ningún sitio podía ser hallada,
de modo que el dios descansó en un terreno desolado,
pensativo y dolorosamente celoso de las deidades
del bosque e incluso de los mismos árboles.
Y mientras allí se demoraba oyó una lastimera voz,
tal como la que una vez oída destruye, en un corazón tierno,
toda pena salvo la piedad; y así decía esta voz solitaria:
«¿Cuándo despertaré de esta tumba por guirnaldas rodeada?
¿Cuándo me moveré en un suave cuerpo apto para la vida,
el amor, el placer y la rubicunda contienda
de corazón y de labios? ¡Ah, miserable de mí!».

---

[1] Rey de las hadas que aparece en los cantares de gesta medievales y que más tarde Shakespeare inmortalizaría en su *Sueño de una noche de verano*.

El dios de alados pies se deslizó silenciosamente
alrededor de árbol y arbusto, rozando a duras penas,
en su velocidad, la hierba florecida y los altos pastos,
hasta que encontró una brillante y palpitante serpiente
que, enroscada, reposaba en un umbroso matorral.

Era una anudada forma de deslumbrante colorido,
con puntos bermellones, azules, verdes y dorados,
rayada como una cebra, moteada como un leopardo,
cubierta de ojos de pavo real y de líneas carmesí,
y cargada de lunas plateadas que, cuando respiraba,
se disolvían, o resplandecían más, o entremezclaban
sus brillos con las tapicerías más oscuras de su piel.
Así, con esos flancos de arco iris, y tocada con su miseria,
parecía a un tiempo una dama élfica castigada,
la amante de un demonio y el demonio mismo.
Sobre su soberbia cresta llevaba un pálido fuego
salpicado de estrellas, semejante a la corona de Ariadna;[2]
su cabeza era de serpiente, pero, ¡ah, amarga dulzura!,
tenía la boca de una mujer, con todas sus perlas completas;
y en cuanto a sus ojos, ¿qué podían hacer allí tales ojos
sino llorar y llorar por haber nacido tan hermosos,
así como Proserpina aún llora por su aire siciliano?
Su garganta era de serpiente también, pero las palabras
que pronunció surgieron, como a través de burbujeante miel,
dictadas por el Amor mismo, diciendo, mientras Hermes
se sostenía en sus alas como un halcón expectante
antes de abatirse sobre su presa, de este modo:
«Bello Hermes, que aleteas coronado de plumas,
anoche soñé contigo entre espléndidas visiones:
te vi sentado en un trono de refulgente oro
en el antiguo Olimpo, entre los demás dioses,
el único apenado; pues no oías tú a las musas
que tañían el laúd mientras entonaban sus diáfanos coros,
ni tampoco a Apolo cuando su voz cantaba en soledad,
sordo a sus largos, largos lamentos melodiosos.
Soñé luego que te veía, ataviado con purpúreos mantos,
atravesar las nubes enamorado, tal como lo hace la mañana,
y que velozmente, como un brillante dardo de Febo,
te lanzabas hacia esta isla de Creta... ¡y aquí estás!
Dime, gentil Hermes, ¿has encontrado a la doncella?».

---

[2] Alusión a la Corona Borealis, constelación situada encima de Serpens Caput («la cabeza de la serpiente»). Según el mito recogido por Ovidio (*Metamorfosis*, VIII, 152 y ss.), Ariadna, hija del rey Minos, prestó ayuda a Teseo para que matara al Minotauro y saliera luego del laberinto de Creta. Al ser abandonada por el ingrato héroe, la princesa fue consolada y desposada por Dioniso, quien le regaló una corona y, tras su muerte, transformó dicha prenda en la Corona Boreal.

Adonais

A lo que la estrella del Leteo[3] no demoró
su viva elocuencia y así inquirió presuroso:
«¡Oh, serpiente de suaves labios por los dioses inspirada,
belleza en espiral, criatura de melancólicos ojos!,
te daré cualquier gracia que tus deseos puedan concebir
si me dices tan sólo a dónde ha huido mi ninfa:
¿dónde respira ella?». «Brillante planeta, has hablado
—respondió la serpiente—, pero debes sellarlo con juramento,
oh, bello dios». «¡Lo juro —dijo Hermes— por las serpientes
de mi báculo, por tus ojos y por tu corona de estrellas!».
Ligeras volaron sus graves palabras entre los pétalos abiertos,
y así renovó sus acentos la brillante y femenina criatura:
«¡Demasiado débil de corazón!, esta ninfa de ti extraviada,
libre como el viento, e invisiblemente, vagabundea
por estos sitios carentes de espinas; sus placenteros días
los saborea invisible; invisibles sus ágiles pies
dejan sus huellas sobre la hierba y las dulces flores;
de los fatigados zarcillos y las inclinadas ramas verdes
arranca, invisible, la fruta, e invisible también se baña.
Y es por mi poder que su belleza se halla así velada,
para que no sea de continuo afrontada y perturbada
por las constantes miradas de amor de los indeseables ojos
de sátiros y faunos o por los suspiros de los silenos.
Su inmortalidad comenzó a palidecer por el acoso
de tales pretendientes, y tanto se afligió ella
que sentí compasión por su persona y le ordené
humedecer sus cabellos con misteriosas pócimas
que mantendrían su belleza invisible, mas aún apta
para vagar como ella ama, en soledad.
Tú la contemplarás, Hermes, tú solo,
si, como has jurado, me concedes mi deseo».
Nuevamente dio inicio entonces el embelesado dios
a un juramento, que corrió, a través de los oídos
de la serpiente, cálido, trémulo, sincero, salmodioso.
Extasiada, ella elevó su cabeza circeana[4], ruborizada
con un vivo matiz damasco, y en un veloz susurro dijo:
«Yo era una mujer: concédeme nuevamente
una forma femenina, y tan encantadora como antes.
Amo a un joven de Corinto, ¡oh, felicidad!:
devuélveme mi forma de mujer y condúceme a su lado.
Agáchate, Hermes, permíteme soplar sobre tu frente
y podrás ver ahora mismo a tu dulce ninfa».

---

[3] Hermes Psicopompo (epíteto que significa «conductor de almas») guiaba las sombras de
los muertos al Hades, donde se situaba el río del olvido.

[4] Adjetivo derivado de Circe, la diosa hechicera de la *Odisea* (Canto X), utilizado aquí en
alusión a las pócimas y encantamientos de los que se vale la serpiente.

El dios, con las alas plegadas, se inclinó sereno;
ella sopló sobre sus ojos y en seguida ambos pudieron ver
a la oculta ninfa, que esbozaba, sobre el verde, una tímida sonrisa.
No era un sueño, o, aun si lo era, cierto es que reales
son los sueños de los dioses, que tranquilamente disfrutan
sus divinos placeres en un largo sueño inmortal.
Por un cálido y violento instante, suspendido en el aire,
trastornado por la belleza de la ninfa del bosque, el dios ardió;
luego, descendiendo sobre la virgen hierba, se volvió
hacia la arrobada serpiente y, con un brazo lánguido,
delicado, puso a prueba el poder mágico de su caduceo[5].
Hecho esto, dirigió a la ninfa sus ojos, llenos de lágrimas
y de tierna adoración, y hacia su figura caminó;
ella, como una luna menguante, se encogió ante él,
sin poder reprimir sus temerosos sollozos,
echándose al suelo y acurrucándose allí como una flor
que sobre sí misma se cierra a una hora del anochecer;
mas, al tomar el dios su helada mano, sintió ella su calidez,
de modo que sus párpados se abrieron suavemente
y, como una nueva flor bajo el zumbido matinal de las abejas,
floreció, ofreciendo hasta su última gota de miel.
Hacia los verdes reductos del bosque entonces huyeron,
y, a diferencia de los amantes mortales, jamás palidecieron.

No bien quedó sola, la serpiente comenzó a transformarse;
su sangre corría frenéticamente, su boca echaba espuma,
y el verde pasto, allí donde se veía salpicado,
marchitábase bajo rocío tan dulce y virulento;
sus ojos, inmóviles por la tortura y la aterradora angustia,
ardientes, vidriosos y muy abiertos entre resecas pestañas,
lanzaban fosfóricas chispas, sin una lágrima que los refrescara.
Con todos los colores de su largo cuerpo inflamados,
retorcíase sobre sí misma en las convulsiones de un dolor
escarlata; un profundo amarillo volcánico tomó el lugar
de toda la gracia de su figura cubierta de suaves lunas
y, así como la lava arrasa la tranquila pradera,
destruyó toda su malla de plata y su recamado de oro,
oscureció todas sus pecas, listas y rayas,
eclipsó sus cuartos crecientes y nubló sus estrellas,
de modo que, en pocos minutos, desnuda quedó
de todos sus zafiros, sus rubíes, sus amatistas
y sus esmeraldas; despojada de toda su riqueza,
nada le quedó salvo sufrimiento y horror. Aún brillaba
su corona, mas de pronto desapareció y, tras ella,
se desvaneció la serpiente; y en el aire su nueva voz,

---

[5] Vara rodeada por dos serpientes que era atributo del dios Hermes.

con suaves tonos, exclamó: «¡Licio, hermoso Licio!».
Ascendiendo con las espectrales y pálidas brumas,
entre las nevadas montañas estas palabras se disolvieron;
los bosques de Creta no oyeron ya más.

¿Hacia dónde voló Lamia, ahora una hermosa dama,
una nueva y exquisita belleza recién transformada?
Voló hacia ese valle que atraviesan aquellos que van
hacia Corinto desde el puerto de Céncreas
y descansó al pie de esas silvestres colinas,
las rocosas fuentes de los arroyuelos de Peracora,
y de esa otra cordillera cuya árida retaguardia
se extiende, con todas sus brumas y neblinas,
en dirección sudoeste hacia Cleonas. Allí se quedó,
a un corto aleteo de ave joven de distancia de un bosque,
deslumbrante, en una verde cuesta de musgoso suelo,
junto a un límpido estanque sobre el cual se embelesó
al verse al fin libre de tan dolorosos padecimientos
mientras sus vestimentas ondulaban junto a los narcisos.

¡Ah, feliz Licio!, pues se trataba de una doncella más bella
que cualquier otra que alguna vez se hiciese una trenza,
o que suspirase, o que se sonrojase, o que en un primaveral
prado florido tendiese un verde vestido para los juglares;
una virgen de puros labios, si bien en la sabiduría del amor
profundamente instruida hasta el fondo de su corazón;
con menos de una hora de vida y, sin embargo, con una mente
experta en la ciencia de separar la dicha de su vecino el dolor,
definir sus confusos límites, alejar sus puntos de contacto
para dificultar de ese modo sus veloces intercambios
e intrigar finalmente con el sofisticado caos a fin de desunir
sus más ambiguos átomos con infalible arte,
cual si al colegio de Cupido hubiese ella asistido
muchos dulces días, como una hermosa graduada aún casta,
cursando allí su alegre escolaridad en ociosa languidez.

Ya veremos por qué esta hermosa criatura decidió
quedarse vagando en las inmediaciones de ese camino,
mas será conveniente explicar primero que ella podía meditar
y soñar, mientras se hallaba en su prisión de serpiente,
con todo aquello que quisiera, extraño o magnificente,
y que podía trasladar su espíritu a cualquier sitio que deseara:
ya al diáfano Elíseo[6]; ya a donde, a través de encrespadas olas,

---

[6] Los Campos Elíseos o Islas de los Bienaventurados eran la región paradisíaca del Hades a la que iban las sombras de los hombres justos y virtuosos así como las de los héroes, mientras que los condenados eran enviados al profundo Tártaro.

las bellas nereidas descienden a la alcoba de Tetis[7]
recorriendo numerosas escaleras de perlas;
ya a donde el dios Baco escancia su cáliz divino
recostado cómodamente bajo un frondoso pino;
o bien a donde, en los palatinos jardines de Plutón,
las columnas de Mulciber en vasta hilera brillan.[8]
Y en ocasiones enviaba sus sueños hacia las ciudades
para en el bullicio de alegres fiestas mezclarse,
hasta que una vez, mientras así entre mortales soñaba,
vio al joven corintio Licio conducir su carro
a la vanguardia de una reñida carrera,
como un juvenil Júpiter de calmo y apacible rostro,
y profundamente de él se enamoró. Esa noche,
cuando las falenas invadieran el oscuro crepúsculo,
él retornaría desde la costa, como bien sabía ella,
por ese camino a Corinto, pues fresco soplaba el suave
viento del este y su nave golpeaba ya con su broncínea proa
las piedras del desembarcadero del puerto de Céncreas,
recién anclada tras llegar de la isla de Egina,
a la que se había él dirigido a fin de ofrecer sacrificios
a Júpiter, cuyo templo, con sus majestuosos portales
de mármol, aguarda allí por inciensos exóticos y sangre.
Escuchó el dios sus votos y sobrepasó incluso sus deseos,
pues, por algún caprichoso azar, el joven se alejó
de sus compañeros y optó por caminar solo,
tal vez hastiado de tanta charla corintia;
atravesó soledosas colinas, con la mente en blanco
en un principio, pero hundiendo, antes de la aparición
del lucero vespertino, su fantasía allí donde la razón se pierde,
en el calmo crepúsculo de las sombras platónicas.
Lamia lo observó aproximarse, cerca, más cerca,
a punto de pasar a su lado en espantosa indiferencia,
con su silencioso calzado apenas rozando el verde musgo;
ella permaneció allí, tan próxima a él cuan inadvertida,
y él pasó de largo, con su mente tan envuelta en hondos misterios
como su cuerpo lo estaba en su manto. Los ojos de Lamia
siguieron sus pasos, su blanco cuello giró lentamente,
y su boca así rompió a hablar: «¡Ah, hermoso Licio!,
¿es que entonces me dejarás sola en estas colinas?
¡Licio, vuélvete hacia mí y tenme un poco de piedad!».

---

[7] Una de las seis titánides originarias, esposa del titán Océano y madre de las oceánides y
los ríos. Ver al respecto la nota al pie de *Aretusa* (p. 48).

[8] Mulciber era uno de los epítetos dados a Vulcano, dios romano del fuego y de la forja,
equivalente al Hefesto griego. La alusión de Keats tiene su fuente en un pasaje de *El paraíso
perdido* (Libro I, versos 730 y ss.) en el que Milton da a un ángel caído el nombre de Mulci-
ber para referirse así a Vulcano como el arquitecto del Pandemónium, la capital del Infierno.

Así lo hizo él, no de manera medrosa, con gélido asombro,
sino como un Orfeo que se vuelve a mirar a su Eurídice,[9]
pues tan deliciosas fueron las palabras que ella entonó,
que él sintió que ya la amaba desde hacía un largo estío;
pronto sus ojos bebieron toda la belleza de ella,
sin dejar gota alguna en la embriagante copa,
y aun así la copa seguía llena; y mientras él, temeroso
de que la visión se desvaneciese antes de que sus labios
hubiesen pagado debida adoración, así comenzaba
a reverenciarla, ella vio, halagada, que se aseguraba su lazo:
«¿Dejarte sola? ¿Volverme? ¡Ah, diosa,
juzga si mis ojos pueden apartarse ya de ti!
Por piedad, no engañes a este triste corazón:
no bien te desvanezcas, yo habré de morir.
¡No partas!, aunque seas una náyade de los ríos, ¡no partas!,
pues a tus lejanos deseos tus corrientes aún obedecerán.
¡No partas!, aunque los verdes bosques sean tus dominios,
¡no partas!, pues solos podrán beber ellos el rocío matinal.
Y si eres una pléyade[10] descendida, ¿acaso no cuidará
de tu esfera alguna de tus armoniosas hermanas
y brillará como tu plateada apoderada en tu lugar?
Tan dulcemente llegó a estos, mis hechizados oídos,
tu melodioso saludo, que, si te desvaneces ahora,
tu recuerdo me consumirá hasta volverme una sombra.
¡Oh, no desaparezcas, por piedad!». «Si permanezco aquí
—respondió Lamia—, en este suelo de arcilla,
y lastimo mis pasos sobre flores tan ásperas,
¿qué podrías hacer o decir tú de suficiente encanto
como para opacar el dulce recuerdo de mi hogar?
¡No puedes pedirme que me quede a vagar contigo
por estos valles y colinas donde no habita placer alguno,
carentes de toda dicha y de toda inmortalidad!
Eres alguien instruido, Licio, y debes saber
que los espíritus nobles no pueden ni respirar
ni vivir en climas humanos. ¡Ay, pobre joven!,
¿qué bocanada de aire puro podrías darme tú
para satisfacer mi esencia?, ¿qué calmos palacios
en los que pudiese complacer mis muchos sentidos
y merced a misteriosos artificios apaciguar cien apetitos?
No puede ser: ¡adiós!». Así diciendo, se puso de puntillas,
con sus níveos brazos extendidos. Él, aterrado de perder

---

[9] El conocido mito de Orfeo, que descendió al Infierno en busca de su amada Eurídice y la perdió al no cumplir con la condición de no volverse a mirarla, nos llega en sus versiones más completas a través de Virgilio (*Geórgicas*, IV, 453 y ss.) y Ovidio (*Metamorfosis*, X, 1 y ss.).

[10] Las pléyades eran siete hijas del titán Atlas y de la oceánide Pléyone, que, al igual que sus hermanas las híades, fueron transformadas por Zeus en estrellas (cfr. Higino, *Astronomía*, II, 21).

la amorosa promesa de su inicial queja de abandono,
se desmayó murmurando de amor, pálido de dolor.
La cruel dama, no sólo sin mostrar pizca alguna
de pena por las aflicciones de su tierno favorito,
sino incluso, si sus ojos podían brillar más,
con ojos más brillantes y creciente placer,
posó sus labios sobre los de él y le devolvió
la vida que acababa de enmarañar entre sus redes.
Y mientras él despertaba de un trance para entrar
en otro, ella, sintiéndose feliz por su belleza, su vida,
su amor y todo, comenzó a entonar una canción,
una canción de amor, demasiado dulce para liras terrenas,
bajo estrellas que, como si contuviesen el aliento,
sus brillos reprimían, y luego susurró en un trémulo tono
similar al de aquellos amantes que, unidos en soledad
por primera vez tras muchos días de angustia, recurren
a más lenguaje que el de las miradas, solicitándole
que levantase su cabeza y librase a su alma de toda duda
pues ella era una mujer mortal, sin otro fluido
más fabuloso en sus venas que simple sangre,
y en su frágil corazón anidaban exactamente
los mismos dolores que aquejaban el pecho de él.
Luego le preguntó cómo pudieron sus ojos
no haberla visto nunca en la ciudad de Corinto,
donde aseguraba morar no del todo retirada y disfrutar
de días todo lo felices que el oro puede permitir
sin ayuda del amor, y sin embargo contenta
hasta que una vez lo vio a él inclinado pensativo
contra una columna del pórtico del templo de Venus,
entre canastos llenos de tiernas hierbas y flores recogidas
ese mismo atardecer, en la víspera de las Adonias[11],
tras lo cual ya no vio más nada sino que lloró y lloró
en soledad por días, pues ¿por qué debía adorarlo tanto?
Licio pasó de la agonía al profundo asombro
al verla aún allí entonando tan dulces cantos,
y luego cayó del asombro al más puro deleite
al oírla susurrar sabiduría femenina tan hábilmente;
y cada una de sus palabras lo envolvía más
en placeres conocidos y goces libres de temores.
Que los locos poetas digan cuanto quieran
de los encantos de hadas, peris[12] y diosas:

---

[11] Fiestas celebradas por las mujeres griegas en memoria de Adonis, bello joven del cual la
diosa Afrodita se había enamorado y que, en el transcurso de una cacería, murió al ser herido
por un jabalí. Parte del culto consistía en armar los llamados «jardines de Adonis», canastos
colmados de hierbas y plantas que germinaban rápido pero que morían a los pocos días.
[12] Criaturas aladas, de inefable hermosura, presentes en la mitología persa.

     Adonais

no puede encontrarse placer alguno entre ellas,
fantásticas moradoras de lagos, cascadas y cavernas,
que iguale al proporcionado por una mujer real,
descendiente de las piedras de Pirra[13] o de la estirpe de Adán.
Lamia había juzgado, y lo había hecho con acierto,
que Licio no podría amarla sumido en constante miedo,
de modo que dejó a la diosa de lado y se ganó su corazón
más agradablemente adoptando el rol de simple fémina,
sin generar más temor que el que inspiraba su belleza,
la cual, mientras hería, aún ofrecía salvación.
Licio respondió a todo ello con viva elocuencia,
casando un suspiro gemelo a cada una de sus palabras,
y finalmente, señalando a Corinto, preguntó a su amada
si sería demasiada distancia para sus suaves pasos por esa noche.
El trayecto fue corto, pues la premura de Lamia hizo,
por medio de un hechizo, que la triple legua decreciera
a unos pocos pasos, lo cual no fue notado en absoluto
por el enceguecido Licio, tan absorto en ella se hallaba.
Cruzaron las puertas de la ciudad inadvertidamente,
sin que él supiera cómo, y sin que pensara en saber.

Así como los hombres hablan en sueños, así Corinto,
a través de todos sus palacios imperiales,
sus populosas calles y sus templos de lascivia,
murmuraba, como una tormenta en la distancia,
bajo la noche que sobre sus torres se extendía.
Hombres y mujeres, ricos y pobres, en esas horas frías
arrastraban sus sandalias sobre el blanco pavimento,
solos o acompañados, mientras muchas luces
brillaban, aquí y allí, desde opulentos festivales
y proyectaban trémulas sombras sobre las paredes
o las encontraban apiñadas bajo las cornisas
de algún portal arcual o umbrosa columnata.

Cubriendo su rostro, atemorizado del saludo de amigos,
el joven presionó la mano de su compañera al cruzarse
con uno de rizada barba gris, calva coronilla y agudos ojos
que caminaba a lentos pasos, ataviado con prendas
de filósofo; al pasar a su lado, Licio se embozó
aún más en su manto, dándole alas a la prisa,
mientras una apurada Lamia comenzaba a temblar.

---

[13] Tras el gran diluvio enviado por Zeus para destruir a la raza humana, los únicos sobrevivientes fueron Deucalión, hijo de Prometeo, y su esposa Pirra, a quienes un enigmático oráculo de Temis comunicó que, a fin de repoblar el mundo, debían tomar piedras y arrojarlas a sus espaldas: las arrojadas por Deucalión se transformaron en hombres, y las arrojadas por Pirra se transformaron en mujeres (cfr. Ovidio, *Metamorfosis*, I, 313 y ss.; Apolodoro, *Biblioteca*, I, 7, 2).

«¡Amor! —exclamó él—, ¿por qué tiemblas tan tristemente?
¿Por qué tu tierna palma así en rocío se disuelve?».
«Estoy exhausta —respondió la bella Lamia—. Mas dime,
¿quién era ese anciano? No soy capaz de recordar
sus facciones. ¡Ay, Licio!, ¿por qué te has ocultado
de sus sagaces ojos?». A lo cual Licio respondió:
«Es el sabio Apolonio[14], mi confiable guía
y buen instructor; pero esta noche parecía ser
el fantasma de la locura acechando mis dulces ilusiones».

Mientras así hablaban llegaron por fin a un pórtico
flanqueado por pilares, y con puertas de gran altura,
sobre el cual pendía una lámpara plateada cuya fosfórica luz
se reflejaba en las losas de los peldaños debajo,
tranquila como una estrella en serenas aguas,
pues tan nuevo e impecable se veía el matiz del mármol,
y tan líquidamente finas a través del cristalino pulido
corrían sus oscuras venas, que sólo pies divinos
parecían haberlo alguna vez hollado. Sonidos eólicos
brotaron de las bisagras mientras la amplia apertura
de las puertas revelaba un lugar desconocido
por mucho tiempo para todos excepto por ellos dos
y un puñado de persas mudos que ese mismo año
habían sido vistos en los mercados y que nadie
sabía bien dónde habitaban, pues los más curiosos
habían sido burlados al intentar seguirlos a su morada.
Y aunque el alado verso deba honrar la verdad
narrando las desgracias que sobrevinieron más tarde,
por ahora placerá a muchos corazones dejarlos así,
apartados del ajetreado mundo de los incrédulos.

---

[14] Apolonio de Tiana (c.15-98) fue un filósofo y matemático neopitagórico griego al cual se atribuían poderes sobrenaturales y la capacidad de obrar milagros. Admirado en todo el mundo antiguo, que lo consideraba un hombre divino y un severo preceptor moral, su figura es principalmente conocida a través de Filóstrato de Atenas, quien escribió una *Vida de Apolonio* en la cual fue preservada la presente historia de Lamia (cfr. Libro IV, § 25).

PARTE II

El amor en una choza, con agua y mendrugos,
es (¡Amor nos perdone!) sólo polvo y cenizas;
mas el amor en un palacio es a la larga, tal vez,
un tormento más penoso que el ayuno de un eremita:
no más que una incierta fábula del país de las hadas,
noción difícil de entender salvo para unos pocos elegidos.
Si Licio hubiese vivido para narrar su propia historia,
podría haber conferido a la moraleja un nuevo ceño;
pero demasiado breve fue su dicha como para engendrar
la desconfianza y el odio que tornan la dulce voz en siseos.
Además, todas las noches, con enorme resplandor,
Amor, vigilante de una pareja tan perfecta,
se cernía agitando sus alas, con terrible rugido,
sobre el dintel de la puerta de su recámara
y derramaba un fulgor sobre el suelo del pasillo.

Todo esto condujo al desastre. Entronizados
uno al lado del otro se hallaban, cierto anochecer,
sobre un cómodo sofá, junto a unos cortinajes
cuyo vaporoso tejido, que pendía de una cuerda dorada,
flotaba por todo el cuarto y permitía divisar
sin velos el firmamento estival, claro y azul,
entre dos columnas de mármol; allí descansaban,
donde el hábito lo había vuelto dulce, con párpados cerrados
excepto por una leve rendija que el amor mantenía abierta
a fin de que aún pudiesen verse mientras dormitaban,
cuando, de la pendiente de una colina cercana,
ahogando el canto de las golondrinas estalló una fanfarria
de trompetas. Licio se sobresaltó, y pronto cesaron los ecos,
pero dejaron un pensamiento, un zumbido en su cabeza.
Por primera vez, desde que encontrara asilo
entre los purpúreos tapices de ese palacio de dulce pecado,
su espíritu traspuso sus áureos aposentos para recordar
el ruidoso mundo al que prácticamente había renunciado.
La dama, siempre atenta y vigilante, observó con dolor
ese fenómeno que denunciaba en él la evidente necesidad
de algo más que su imperio de deleites incesantes,
de modo que rompió a gemir y a suspirar porque Licio
dirigía sus cavilaciones más allá de ella, sabiendo bien
que un simple pensamiento puede ser el tañido fúnebre del amor.
«¿Por qué suspiras, bella criatura?», susurró él.
«¿Y tú, por qué piensas? —respondió tiernamente ella—.
Me has abandonado. ¿Dónde estoy yo ahora?
No en tu corazón, mientras las inquietudes ensombrecen tu ceño.
No, no: me has dado la espalda; y, al irme de tu pecho,
quedo por siempre sin refugio: sí, así son las cosas».

A lo cual él respondió, acercándose a esos abiertos ojos
en los que se veía diminutamente reflejado en un paraíso:
«¡Mi plateado lucero tanto matutino como vespertino!,
¿por qué te auguras a ti misma tan triste abandono
cuando mis afanes sólo apuntan a colmar mi corazón
con más profundo carmesí y duplicado ímpetu,
así como a atrapar, amarrar y enmarañar a tu alma
con la mía a fin de aprisionarte allí en un laberinto
como a una oculta fragancia en un capullo de rosa?
Sí, recibe un dulce beso: he ahí tus grandes aflicciones.
¡Mis pensamientos! ¿Debo develarlos? Escucha, pues:
¿qué mortal que posee un trofeo que a los demás hombres
podría causar, con su sola visión, confusión y asombro
no sale afuera a pasearse con aquel majestuosamente
y en triunfo, como contigo me encantaría hacer
en medio del ronco clamor de las voces corintias?
Que mis enemigos enmudezcan y mis amigos aplaudan
mientras a través de las atestadas avenidas tu carro nupcial
hace girar el veloz fulgor de sus rayos». Las mejillas
de la dama temblaron; nada dijo, pero, pálida y dócil,
se levantó, se arrodilló ante él y lloró una lluvia
de tristezas ante sus palabras, para por último
implorarle con dolor, mientras aferraba su mano,
que mudase su propósito. Él quedó traspasado al oírla,
perverso, aún más firmemente resuelto a obligar
a esa tímida naturaleza a cumplir con su objetivo;
además, a pesar de todo su amor y de su propio
buen carácter, encontró cierto deleite lujurioso al ver
las tribulaciones de Lamia, tan sumisas cuan novedosas.
Súbitamente su pasión, tornándose cruel, tomó un matiz
tan feroz y sanguinario como era posible en alguien
cuya frente carecía de oscuras venas que pudieran hincharse.
Imponente era esa furia atemperada, como la apostura
de Apolo al aprestarse a asestar su mortal golpe
a la serpiente.[15] ¡Ah, la serpiente!: cierto que ella
ya había dejado de ser una. La dama ardió,
enamorada de tal tiranía, y, rendida por completo,
consintió en ser conducida por su amante al himeneo.
Susurrando en medio del silencio nocturno, dijo el joven:
«Seguramente tienes algún hermoso nombre, aunque,
a decir verdad, nunca te lo he preguntado, no estimándote
nunca de origen terrenal, sino de divina progenie,
como aún lo creo. ¿Encuentra algún nombre mortal

---

[15] Referencia al mito de la serpiente Pitón, que había nacido del barro una vez pasado el diluvio enviado por Zeus y que custodiaba el célebre oráculo de Delfos hasta que fue abatida por Apolo (cfr. Ovidio, *Metamorfosis*, I, 438 y ss.; Apolodoro, *Biblioteca*, I, 4, 1; Higino, *Fábulas*, 140).

digno apelativo para este deslumbrante envoltorio, o cuentas
al menos con amigos o parientes en las ciudades de la tierra
con los cuales compartir banquete de boda y nupcial alegría?».
«No tengo amigos —dijo Lamia—; no, no tengo ni uno.
Mi presencia en la gran Corinto es apenas conocida,
y los restos de mis padres yacen sepultos en sus urnas
polvorientas, ante las cuales no arde incienso alguno
puesto que todo mi infortunado linaje ha muerto
excepto por mí, y yo descuido los ritos sagrados por ti.
De modo que puedes enviar convite a tus muchos conocidos;
pero si, como todo parece indicar, aún posas tus ojos
con algún placer sobre mi persona, por nada invites
al viejo Apolonio: de él mantenme siempre oculta».
Licio, perplejo ante palabras tan desconcertantes,
formuló más preguntas, de cuyo contacto ella se sustrajo
fingiéndose dormida, tras lo cual él por la embotada sombra
del profundo sueño se vio invadido en pocos instantes.

Era la costumbre de entonces que la novia saliera
de su casa durante el sonrojado diluirse del día,
velada, en un carruaje precedido en su camino
por flores esparcidas, antorchas, cantos nupciales
y otras pompas; pero esta bella desconocida
no tenía amigo alguno. Abandonada, pues, a su soledad
(Licio había partido a convocar a sus deudos),
y teniendo la certeza de que jamás podría apartar
a ese insensato corazón de sus locos designios,
se abocó, con elevados pensamientos, a ataviar
toda su miseria en una adecuada magnificencia.
Así lo hizo, aunque se ignora cómo y de dónde
sacó todo, o quiénes fueron sus hábiles servidores.
Por los salones, y yendo y viniendo por las puertas,
se oyó un sonido de alas, hasta que en poco tiempo
un esplendoroso banquete brilló con suntuosa gracia.
Una música encantadora, quizás único y solo sostén
del maravilloso pabellón, sonó gimiendo en derredor,
como temerosa de que el hechizo pudiera evaporarse.
Cedro recientemente tallado, que imitaba un conjunto
de palmeras y de plátanos, se unía desde cada lado,
muy alto en el centro, en honor de la novia:
dos palmeras y dos plátanos, sucesivamente,
desde ambos lados entrelazaban una a una sus ramas
a lo largo de todo el pasillo, y por debajo de ellas
corría de muro a muro un largo arroyo de lámparas.
Bajo ese dosel se extendía un banquete nunca visto,
rebosante de aromas. Lamia, majestuosamente ataviada,
paseaba silenciosamente de un lado a otro y, mientras caminaba

en una especie de insatisfacción a duras penas satisfecha,
encargaba a sus invisibles sirvientes que enriquecieran
aún más el labrado esplendor de cada rincón y cada área.
En los espacios entre los árboles, de un sencillo veteado,
aparecieron de pronto paneles de jaspe, y en seguida
brotaron imágenes trepadoras de árboles más delgados
que con los mayores se enlazaron en sutiles arabescos.
Aprobando finalmente todo, Lamia se desvaneció a voluntad
y cerró el salón, silencioso y tranquilo, que se encontraba
ya listo y completo para el grosero festín que tendría lugar
cuando desagradables invitados invadiesen su soledad.

El día apareció, y, con este, toda la gentuza chismosa.
¡Oh, insensato Licio! ¡Loco! ¿Para qué dejar de lado
un destino de dicha silenciosa, de cálidas horas enclaustradas,
a fin de mostrar a ojos vulgares esos secretos reductos
amorosos? La turba llegaba; todos los invitados,
al arribar al portal, lo contemplaban con atención
y entraban asombrados, pues conocían bien la calle,
la recordaban desde la infancia de palmo a palmo,
y sin embargo nunca habían visto ese pórtico real
ni tampoco una tan alta y bella edificación palaciega,
de modo que se precipitaban adentro perplejos y curiosos;
todos excepto uno, que observó todo con severa mirada
y que con calmos y firmes pasos penetró austeramente:
se trataba de Apolonio, que además sonrió por algo,
como si un enmarañado problema que antes ofuscara
su paciente pensamiento hubiese empezado a ablandarse,
fundirse y resolverse en aquello que él había augurado.

No tardó en toparse, ya en el bullicioso vestíbulo,
con su bisoño discípulo. «No es regla común,
Licio —dijo—, que quien no ha sido invitado
se imponga a sí mismo a la fuerza y enturbie
con su indeseada presencia la alegre multitud
de jóvenes amigos, mas debo hoy cometer esta falta,
y tú perdonarme». Licio se sonrojó y condujo
al anciano a través de las abiertas puertas interiores,
tornando la adusta bilis del filósofo en leche fresca
por medio de corteses modales y palabras conciliadoras.

Suntuoso y opulento era el gran salón del banquete,
colmado de vivos fulgores y de penetrantes fragancias,
pues ante cada lucido panel podía verse humear
un incensario alimentado con mirra y especias exóticas,
cada uno de ellos sostenido por un trípode sagrado
cuyas delgadas patas reposaban sobre suaves

alfombras lanosas: cincuenta guirnaldas de humo
tomaban su diáfano vuelo desde cincuenta incensarios
hacia el alto techo, siempre imitadas, mientras ascendían,
por aromáticas nubes gemelas en los espejados muros.
Doce mesas circulares, rodeadas de divanes de seda,
se elevaban a partir de zarpas de leopardo hasta la altura
del pecho y ostentaban en su superficie la profusa opulencia
de cálices, cuencos y la legendaria triple abundancia
del cuerno de Ceres[16], mientras que, en cráteras generosas,
el vino de oscuros toneles reposaba con un brillo alegre.
Así cargadas con un festín aguardaban las doce mesas,
en el centro de cada cual relucía la imagen de un dios diferente.

Una vez que, en una antecámara de aseo, cada invitado
hubo sentido el placentero frote de una fría esponja,
aplicada sobre sus manos y pies por esclavas asistentes,
y sus cabellos hubieron sido ceremoniosamente ungidos
con perfumados aceites, entraron por fin todos al salón
en blancas túnicas y se fueron ubicando ordenadamente
en los numerosos divanes de seda, preguntándose de dónde
podría haber surgido todo ese lujo y esplendorosa riqueza.

Suavemente sonaba la música en el dulce aire
mientras un fluido griego, cual acompañamiento vocal,
era intercambiado entre los invitados que conversaban
aún en tonos quedos, pues el vino apenas había circulado;
mas, no bien la alegre cosecha alcanzó sus cerebros,
la voz no tardó en subir, al igual que los compases
de los sonoros instrumentos. Los preciosos colores,
el tamaño del salón, la suntuosidad de los cortinajes,
la imponente exquisitez del dosel, el nectáreo gozo,
las bellas esclavas y Lamia misma parecieron entonces,
una vez que el vino hubo obrado su espirituoso efecto
y cada alma se hubo librado de sus ataduras terrenas,
menos extraños; pues el alegre vino, el dulce vino,
a las sombras elíseas torna menos bellas, menos divinas.
Pronto el dios Baco alcanzó una altura meridiana:
rojas estaban todas las mejillas, y doblemente brillantes
los brillantes ojos. Ramilletes de cada verde y cada aroma
encontrables en los floridos valles o en las ramas de los bosques
fueron traídos, en cestas de dorado mimbre entrelazado
cargadas hasta las asas, para complacer el capricho
de cada invitado, de modo que cada uno, según sus preferencias,
pudiese ceñir sus sienes mientras sobre la seda yacía a gusto.

---

[16] La cornucopia, o cuerno de la abundancia, era uno de los atributos con los que solía carac-
terizarse a Ceres (Deméter entre los griegos), diosa romana de la agricultura y la fecundidad.

¿Qué corona para Lamia? ¿Qué corona para Licio?
¿Qué corona para el sabio y viejo Apolonio?
Que la dolorida frente de la dama coronada sea
por hojas de sauce y de lengua de serpiente;
para el joven tomemos, rápido, hojas del tirso[17],
de modo que sus vigilantes ojos puedan hundirse
en el dulce olvido; y para el sabio dejemos
que la espiguilla y el malicioso cardo libren guerra
sobre sus sienes, ¿o acaso no huyen todos los hechizos
al mero contacto de la fría e impasible filosofía?
Una vez hubo un milagroso arco iris en el cielo;
mas ahora conocemos su trama, su textura, y lo hemos
confinado al vulgar catálogo de las cosas mundanas.
La filosofía disecciona, impávida, el ala de un ángel,
conquista todos los misterios a través de regla y medida,
despoja al aire de fantasmas y a la mina de gnomos...
disipa, en fin, la magia del arco iris, del mismo modo
en el que entonces disolvió a la tierna Lamia en una sombra.

El alegre Licio, sentado junto a ella en el lugar de honor,
apenas si había tenido ojos para otro rostro en toda la sala
cuando, abandonando por un instante su trance amoroso,
alzó una copa llena hasta los bordes y dirigió su vista
al lado opuesto de la mesa para buscar la mirada
del arrugado semblante de su anciano preceptor
a fin de brindar a su salud. Mas el calvo filósofo
tenía clavados sus ojos, fijos y sin pestañear,
sobre la súbitamente alarmada belleza de la novia,
cuyo orgullo se vio turbado ante ese ceño amenazante.
Licio tomó entonces con devoción la mano de Lamia,
la cual de pronto había caído pálida sobre el rosáceo diván:
estaba helada, y su frío se extendió a las venas de él,
mas acto seguido comenzó a arder, y todas las agonías
de un terror sobrenatural asaltaron el corazón del joven.
«Lamia, ¿qué te sucede? ¿Por qué te sobresaltas?
¿Conoces a ese hombre?». La pobre Lamia no ofreció
respuesta. La miró a los ojos, pero ni por un instante
respondieron ellos al lastimoso ruego de su amante.
Más, más aún los miraba, con sus sentidos vacilando;
algún insaciable hechizo parecía absorber su hermosura:
¡no había reconocimiento alguno en esas órbitas!
«¡Lamia!», gritó, mas ninguna respuesta fue formulada
en dulces tonos. La gente le oyó, y el bullicioso jolgorio
comenzó a acallarse; languideció la majestuosa música;
el mirto se marchitó de pronto en un millar de coronas.

---

[17] Vara rodeada de vid o de hiedra y rematada por una piña que era atributo del dios Baco.

Lentamente, las voces, el laúd y el placer cesaron,
un sepulcral silencio se incrementó segundo a segundo
hasta volverse una palpable y horrible presencia,
y el terror se manifestó en los cabellos de todos.
«¡Lamia!», gritó nuevamente, y nada salvo ese grito
seguido por sus tristes ecos vino a romper el silencio.
«¡Márchate ya, horrendo sueño!», gritó, mirando una vez más
el rostro de su novia, en el que ninguna vena azulada
delataba su paso por las amplias sienes, ningún suave rubor
empañaba las mejillas y ninguna pasión iluminaba
la mirada profundamente vacía: todo habíase marchitado;
Lamia, despojada de su belleza, blanca como la muerte yacía.
«¡Cierra, cierra ya esos hipnóticos ojos, anciano impiadoso!
¡Apártalos de una vez, miserable, o que el justo castigo
de todos los dioses, cuyas ominosas efigies aquí talladas
representan ante nosotros sus espirituales presencias,
los atraviesen repentinamente con la aguzada espina
de una dolorosa ceguera que te deje desamparado,
en una chochez que tiemble ante el más leve temor
de tu conciencia, por haber desafiado largamente su poder
a través de todas tus impías y orgullosas sofisterías,
de tus persuasivas falacias y de tu magia maldita!
¡Corintios, miren a ese monstruo de blanca barba!
¡Observen cómo, poseído, sus párpados carentes de pestañas
se estiran en torno a sus ojos demoníacos! ¡Corintios, miren!
¡A sus negros sortilegios sucumbe mi dulce amada!».
«¡Insensato!», gruñó el sofista[18], en un grave tono
cargado de desprecio, y fue contestado por un agónico
gemido de Licio mientras, perdido y con el corazón roto,
se desplomaba supino a un lado del sufriente fantasma.
«¡Insensato! —repitió el anciano, sin que aún sus ojos
cediesen o se moviesen—. De todos los numerosos males
de la vida te he apartado sin falta hasta este día,
¿y dejaré que te haga su presa una serpiente[19]?».
Lamia exhaló entonces un estertor agonizante; los ojos
del sabio, cual afilada lanza, la atravesaron por completo,
agudos, penetrantes, crueles, punzantes, hirientes.
Ella, tanto como su débil mano podía aún esbozar
algún gesto, intentó imponerle silencio, mas en vano:
él la siguió mirando y mirando del mismo modo.

---

[18] Naturalmente, el término no está aquí empleado con la carga peyorativa que le imprimieron los platónicos, sino en el sentido etimológico y original de la palabra, que significaba 'sabio'.

[19] En la mitología griega, la lamia era un monstruo femenino con atributos de serpiente que devoraba niños, si bien en leyendas posteriores pasó a asociarse a un género de criaturas que, participando de varias características propias de las brujas, las vampiras y los súcubos, seducían a jóvenes incautos para alimentarse de su sangre.

«¡Una serpiente!», repitió el sabio, apenas dicho lo cual,
con un aterrador alarido, la novia súbitamente desapareció.
Los brazos de Licio se vieron de todo deleite despojados,
así como de vida sus miembros, en ese preciso instante.
¡Sobre el diván su cuerpo cayó! A su lado acudieron sus amigos
a fin de reanimarlo; mas, al no hallar en él ni pulso ni aliento,
con su misma túnica nupcial el pesado cadáver cubrieron.[20]

---

[20] «Filóstrato, en el Libro IV de su *De vita Apollonii*, registra un memorable ejemplo de esta clase, que no puedo omitir, sobre cierto Menipo de Licia, un joven de veinticinco años que, mientras iba de Céncreas a Corinto, se vio sorprendido por una aparición que vestía como una elegante dama, la cual, tomándolo de la mano, lo condujo a su hogar, en las afueras de Corinto, y le comunicó que era una fenicia de nacimiento y que, si se quedaba con ella, la oiría tangir y cantar, bebería un vino como jamás había bebido, ningún rival lo molestaría, y ella, que era muy hermosa, viviría y moriría junto a él, que también era muy hermoso. El joven, un filósofo que en otras circunstancias era serio y discreto, capaz de moderar todas sus pasiones excepto la del amor, permaneció un tiempo a su lado con enorme placer y, finalmente, la desposó. Mas a su boda acudió, entre muchos otros invitados, Apolonio, quien, guiado por algunas posibles conjeturas, descubrió que ella era una serpiente, una lamia, y que todos sus bienes, al igual que el oro de Tántalo descripto por Homero, no eran sustancia sino mera ilusión. Al verse así expuesta, la lamia rompió a llorar y a suplicar el silencio de Apolonio, pero él no le hizo caso, de modo que ella, las mesas, la casa y todo lo que en su interior había se desvanecieron en un instante, lo cual fue atestiguado por miles de personas, pues el suceso aconteció en plena Grecia». Robert Burton, *La anatomía de la melancolía*, Parte III, Sección II, Miembro I, Subsección I. *(Nota de John Keats)*.

Hiperión

Libro I

Profundo en la umbrosa tristeza de un valle
cobijado lejos del saludable aliento de la mañana,
lejos del ardiente mediodía y del primer astro vespertino,
descansaba el canoso Saturno[1], quieto como una piedra,
callado como el silencio que envolvía todo aquel lugar;
bosque sobre bosque pendían, cual nube sobre nube,
por encima de su cabeza. Ni un soplo de aire se movía allí,
ni tanta vida como la que, en un caluroso día de verano,
no roba ni una liviana semilla del abundante pasto,
sino que, donde la hoja muerta cae, allí queda.
Un arroyo corría mudo a un lado, más amortiguado aún
a causa de que su caída divinidad sobre sus aguas
una sombra proyectaba: la náyade entre sus cañas
con un frío dedo oprimíase fuertemente los labios.

A lo largo de la arena de las márgenes, grandes huellas
llegaban hasta el sitio en el que sus pies habíanse extraviado
y en el cual desde entonces dormitaba. Sobre la tierra
su vieja mano derecha yacía inerte, exánime, muerta,
despojada de su cetro; sus ojos sin reino hallábanse cerrados,
mientras que su inclinada cabeza parecía escuchar a la Tierra,
su anciana madre,[2] en busca de aún algún consuelo.

Parecía que ninguna fuerza podría despertarle de aquel lugar;
pero entonces llegó una que, con mano familiar,
tocó sus anchos hombros tras haberse inclinado
con reverencia aun ante uno que no la veía.
Se trataba de una diosa de la infancia del mundo;
a su lado, en estatura, una alta amazona habría parecido
de la altura de un pigmeo; bien podría ella haber tomado
a Aquiles por los cabellos y haberle roto el cuello
o detenido con uno de sus dedos la rueda de Ixión[3].
Su rostro era tan grande como el de una esfinge de Menfis
situada sobre un pedestal en el patio de un viejo palacio
cuando los sabios aún buscaban en Egipto sus ciencias,
¡pero cuán distinto al mármol era este rostro;
cuán bello, si la tristeza no hubiese hecho
a la Tristeza más bella que la misma Belleza!

---

[1] Crono, el equivalente griego al Saturno romano, fue uno de los doce titanes de primera generación, que gobernaron durante la Edad de Oro antes de ser derrocados por los dioses olímpicos.

[2] Crono era, como todos los titanes originarios, hijo de Urano (el cielo) y Gaia (la tierra).

[3] Como castigo por intentar seducir a su esposa Hera, Zeus condenó a Ixión, rey de los lapitas, a girar eternamente atado a una rueda de fuego en el profundo Tártaro.

Y había un expectante temor en su mirada,
como si la calamidad hubiese recién comenzado,
como si las nubes de vanguardia de terribles días
hubiesen apenas derrochado su malicia y la hosca retaguardia
estuviese con su provisión de truenos ya manifestándose.
La diosa se presionó con una mano ese doloroso punto
en el cual el corazón humano late, como si justo allí,
aunque una inmortal, sintiese ella un cruel dolor;
la otra la posó sobre el inclinado cuello de Saturno
y, arrimándose a la altura de los oídos del dios
con entreabiertos labios, unas palabras pronunció
con un profundo tono de grave órgano y solemne tenor,
unas pesarosas palabras que, en nuestra débil lengua,
verteríanse en acentos similares a estos, ¡oh, tan frágiles
comparados con aquella gran expresión de los dioses de antaño!:
«¡Saturno, levanta tu cabeza! Mas ¿para qué,
pobre anciano rey? No tengo consuelo para ti, no, ni uno;
no puedo decir: "¡Oh!, ¿por qué duermes tú?",
pues el cielo se ha apartado de ti, y la tierra
no te reconoce, así afligido, como un dios;
y tampoco el océano, con su solemne sonido,
se inclina ya ante tu cetro; y todo el aire
ha sido vaciado de tu encanecida majestad.
Tu trueno, consciente del nuevo mando,
retumba renuente sobre nuestra casa caída;
y tu afilado rayo, blandido por inexpertas manos,
incendia y quema nuestros otrora serenos dominios.
¡Oh, dolorosos días!, ¡oh, momentos largos como años!,
mientras pasáis todo nos evidencia más la monstruosa verdad
y la oprime de tal modo contra nuestras penosas desdichas
que no le queda ya espacio alguno a la duda para respirar.
¡Saturno, sigue durmiendo! ¡Oh, irreflexiva!,
¿por qué tu soledad de tranquilos sueños he así violado?
¿Por qué debería yo abrir tus melancólicos ojos?
Saturno, sigue durmiendo, mientras a tus pies yo lloro».

Así como cuando, durante una estancada noche de verano,
esos patricios siempre en verde ataviados de los vastos bosques,
los altos robles, con sus ramas hechizadas bajo las graves estrellas
sueñan y sueñan hasta el amanecer sin un solo movimiento,
a no ser por una suave brisa solitaria
que sopla sobre el silencio y muere luego,
como si el aire en el reflujo de su marea sólo una ola tuviera,
así brotaron estas palabras y se perdieron, mientras ella apoyaba,
llorando, su bella e imponente frente en el suelo,
justo donde sus caídos cabellos podían extenderse
como una suave y sedosa alfombra para los pies del dios.

La luna, con una lenta alteración, derramó
sus cuatro estaciones plateadas sobre la noche,
y aún los dos seguían en esas inmóviles posturas,
como una escultura natural en una caverna sagrada,
el helado dios aún recostado sobre la tierra
y la atribulada diosa aún llorando a sus pies,
hasta que, finalmente, el viejo Saturno abrió
sus marchitos ojos y vio su reino perdido,
y toda la lobreguez y tristeza de ese sitio,
y a aquella excelsa diosa arrodillada; y entonces habló,
como con una lengua paralizada, mientras su barba
se agitaba horrorosa bajo el temblor de la enfermedad:
«¡Oh, tierna esposa del dorado Hiperión, Teia[4],
puedo sentirte incluso antes de ver tu rostro!
Levanta tus ojos y déjame ver en ellos nuestra miseria;
levanta tus ojos y dime si esta débil figura que ves
es la figura de Saturno; dime si esta voz que ahora oyes
es la voz de Saturno; dime si esta arrugada frente,
desnuda y despojada de su gran diadema,
se ve como la frente de Saturno. ¿Quién ha tenido el poder
para dejarme así desolado?, ¿de dónde provino su fuerza?,
¿cómo fue nutrido hasta semejante irrupción
mientras el Destino parecía sofocado en mis vigorosas manos?
Pero ya es tarde; ahora estoy acabado
y enterrado para todo ejercicio divino
de benigna influencia sobre pálidos planetas,
de admoniciones a los vientos y los mares,
de propicio dominio sobre las cosechas del hombre,
y de todos esos actos en los que la deidad suprema
alivia a su corazón del peso del amor. Me he extraviado
lejos de mi propio pecho; he abandonado
mi poderosa identidad, mi verdadero ser,
en algún punto entre el trono y este sitio de la Tierra
en el cual ahora descanso. ¡Busca, Teia, busca!;
abre tus eternos ojos y hazlos girar en torno,
abarcándolo todo: el espacio estrellado y el de luz privado;
el espacio rodeado de aire vital y el árido vacío;
los espacios de fuego y todo el abismo del Infierno.
¡Busca, Teia, busca!, y dime si logras ver
en algún lugar una figura o sombra abriéndose paso,
en alas o sobre feroz carro de guerra, a fin de reconquistar
un cielo que ha perdido; debe hallarse ya
muy avanzada su marcha... ¡Saturno debe ser rey!
¡Sí!, tiene que haber una dorada victoria,

---

[4] Teia, una de las titánides de primera generación, era la diosa de la vista, mientras que Hi-
perión, su hermano y esposo, era el dios del fuego astral, tanto del sol como de las estrellas.

y un gran número de dioses derribados, y trompetas
anunciando el triunfo, y festivos himnos y cantos
sobre las esplendorosas nubes metropolitanas,
y voces de dulce proclamación, y un plateado vibrar
de cuerdas en huecas armazones, y también
muchas bellas cosas recién creadas para sorpresa
de los hijos del Cielo... ¡Sí, ya mismo daré la orden!
¡Teia, Teia, Teia!, ¿dónde está Saturno?».

Ese arrebato lo hizo ponerse de pie,
llevó a sus manos a forcejear en el aire e hizo
que sus druídicos rizos se sacudieran y se empaparan con sudor,
que sus ojos se inflamaran y que su voz se quebrara.
Permaneció de pie, sin oír el profundo sollozar de Teia,
y, tras un breve lapso, nuevamente irrumpió
así en declamación: «Pero ¿acaso no puedo crear,
acaso no puedo formar, acaso no puedo labrar
otro mundo, otro universo, para abrumar
y desmoronar por completo a este a la nada?
¿Dónde hay otro caos? ¡Dónde!». Esa palabra
se abrió paso hasta el Olimpo e hizo estremecerse
a los tres rebeldes.[5] Teia se incorporó, sobresaltada,
y en su semblante surgió una sombra de esperanza,
y así, aunque llena de temor, velozmente dijo:
«Esto regocija a nuestra casa caída; ven con nuestros amigos,
¡oh, Saturno!, aléjate de este lugar y llévales aliento.
Conozco su refugio, desde el cual hasta aquí he venido».
Así de breve; luego, con ojos suplicantes, comenzó
a alejarse sobre sus pasos a través de las penumbras;
él la siguió, y ella se volvió para mostrarle el camino
por entre las añosas ramas, que cedían ante ellos como la niebla
que hienden las águilas al remontarse de sus nidos.

Mientras tanto, en otros reinos, grandes lágrimas eran derramadas
entre más tristezas como esta y similares aflicciones,
demasiado enormes para la lengua mortal o la pluma del poeta,
pues los feroces titanes, manteniéndose ocultos o estando cautivos
en prisiones, seguían gimiendo por su vieja lealtad
y aún esperaban oír, entre agudos dolores, la voz de Saturno.
Pero había uno de aquella gran estirpe que aún retenía
su soberanía, su reinado y su majestad:
el resplandeciente Hiperión sentábase aún
en su esfera de fuego y olía aún el incienso que ascendía
desde el hombre hacia él, el dios del sol; aunque inseguro,

---

[5] Zeus, Poseidón y Hades (o Júpiter, Neptuno y Plutón), hijos de Crono y Rea que, tras derrocar a los titanes, pasaron a gobernar respectivamente el cielo, los mares y el inframundo.

ADONAIS

pues así como a nosotros, los mortales, presagios ominosos
nos asustan y dejan perplejos, así también se estremecía él,
no ante aullidos de perros, o ante odiosos chillidos
de sombrías aves nocturnas, o ante la fantasmal visita
de alguien que es visto durante su propio toque de difuntos,
o ante profecías hechas en torno al fuego de medianoche,
sino ante horrores que, en proporción a sus gigantescos nervios,
con frecuencia le hacían sufrir. Su brillante palacio,
con pirámides de reluciente oro a modo de bastiones
y tocado con las sombras de obeliscos de bronce,
fulguraba en rojo sangre a lo largo de sus miles de patios,
arcadas, cúpulas y ardientes galerías, y todos sus cortinajes
de nubes de la aurora se sonrojaban rabiosamente,
mientras que, de tanto en tanto, las alas de grandes águilas,
nunca antes vistas por dioses o por hombres maravillados,
ensombrecían el lugar al tiempo en que piafantes corceles,
nunca antes oídos por dioses o por hombres maravillados,
se dejaban oír. Cuando el dios percibía fragantes espirales
de incienso elevándose desde las colinas sagradas,
en lugar de gratos perfumes su paladar absorbía
el sabor del venenoso latón y del corrupto metal;
y así, cuando se asilaba en el somnoliento oeste
tras haber completado el luminoso curso del día,
en lugar de entregarse a un divino reposo
sobre un lujoso lecho y dormitar en brazos
de la melodía pasaba todas las horas de descanso
vagando, con paso colosal, de salón en salón,
mientras que en el interior de cada pasillo y profundo rincón
sus alados sirvientes en apretados grupos permanecían,
llenos de pasmo y de temor, como los angustiados hombres
que en las llanuras se reúnen formando trémulas multitudes
mientras los terremotos sacuden sus almenas y sus torres.
Y ahora, mientras Saturno, tras despertar de su gélido trance,
caminaba paso a paso junto a Teia a través de los bosques,
Hiperión, dejando el crepúsculo detrás, descendía
hacia el umbral de occidente; entonces, como era usual,
el portal de su palacio comenzó a abrirse en el más suave silencio,
sólo interrumpido por aquellos dulces y errantes sonidos
que solemnes tubos soplados por el grave Céfiro[6]
producían, lentas melodías apenas susurradas,
hasta que, como una rosa de matiz bermellón,
de delicada fragancia y fresca a la vista,
esa entrada de inefable magnificencia
quedó completamente abierta para que entrase el dios.

---

[6] Los principales dioses griegos de los vientos eran Céfiro, el primaveral viento del oeste; Noto, el tormentoso viento del sur; Euro, el lluvioso viento del este; y Bóreas, el frío viento del norte.

Hiperión entró, pero entró lleno de rabia;
su ardiente túnica flameaba por detrás de sus talones
y producía un rugido, similar al del fuego terreno,
que aterrorizó a las dóciles y etéreas horas
y dejó temblando de horror sus columbinas alas.
De majestuosa nave en nave pasó, de bóveda en bóveda,
brillando a través de glorietas de fragante luz entrelazada
y de largas y refulgentes arcadas enlosadas con diamantes,
hasta que finalmente alcanzó la gran cúpula principal;
deteniéndose allí, golpeó ferozmente el suelo con su pie:
desde los profundos cimientos hasta las más altas torres,
todo su propio reino dorado se sacudió de punta a punta,
y, antes de que ese retumbante trueno hubiese cesado,
su voz brotó, a pesar de toda contención divina,
con este resultado: «¡Oh, sueños del día y de la noche!
¡Oh, monstruosas formas! ¡Oh, efigies de dolor!
¡Oh, trasgos surgidos de negros estanques!
¡Oh, espectros atareados en frías tinieblas!
¿Por qué os conozco? ¿Por qué os he visto?
¿Por qué mi esencia inmortal se ve atormentada
con la contemplación de tan funestos horrores?
Saturno ha caído: ¿también yo debo caer?
¿Tendré que abandonar este refugio de descanso,
esta cuna de mi gloria, este agradable clima,
esta calma opulencia de luz prodigiosa,
estos pabellones cristalinos y puros templos
de mi imperio luminoso? Mas ahora han quedado
desiertos, vacíos, sin rastro alguno de mi presencia:
no puedo ver su brillo, su esplendor y su simetría,
sino sólo oscuridad... muerte y oscuridad.
Incluso aquí, en mi mismo centro de reposo,
esas sombrías visiones alcanzan a dominar,
insultar, cegar y sofocar por completo mi fausto.
¿Caer? ¡No, por Tellus[7] y sus salobres mantos!
¡Sobre la ardiente frontera de mis dominios
extenderé mi terrible brazo derecho y aterraré
a ese infante portador de rayos, el rebelde Júpiter,
para devolver su legítimo trono al anciano Saturno!».
Así habló y calló, mientras una peor amenaza
se debatía en su garganta aunque sin llegar a salir,
pues así como en los concurridos teatros un murmullo
crece y crece hasta que todos empiezan a chistar,
así, a las palabras de Hiperión, los pálidos espectros
se hicieron presentes, tres veces más gélidos y horribles,
y del espejado suelo sobre el cual el dios se erguía

---

[7] Tellus o Terra (Gaia entre los griegos) era la diosa romana de la tierra, madre de los titanes.

 ADONAIS

ascendió una neblina similar a la de un fétido pantano.
En ese instante, a través de todo su cuerpo se arrastró
gradualmente una agonía, desde sus pies hasta su corona,
como una flexible serpiente que, enorme y robusta,
se deslizara lentamente, lo cual dejó su cabeza y su cuello
temblando por una gran exigencia de fuerzas. Una vez libre,
se dirigió a las puertas del este y, durante las seis horas de rocío
previas al momento en que la aurora se reviste de escarlata,
sopló con violencia contra los somnolientos portales,
los dejó libres de pesados vapores y los abrió
súbitamente sobre las heladas corrientes del océano.
La esfera de fuego sobre la cual peregrinaba
cada día de este a oeste a través de los cielos
comenzó su carrera tras un negro cortinado de nubes,
no por ello completamente velada, vendada y oculta,
sino que de cuando en cuando sus expectantes curvas,
círculos, arcos y amplios coluros lograban filtrar
su brillo y labraban, en las envolventes tinieblas,
armoniosos relámpagos que iban del profundo nadir
al alto cénit, antiguos jeroglíficos que los sabios
y astrólogos de penetrante mirada que entonces moraban
en la tierra habían catalogado, con afanosa ciencia,
mediante las observaciones de muchas centurias,
signos ahora olvidados, salvo por los que encontramos
en enormes restos de piedra o de negro mármol,
perdido su significado, largamente huido su saber.
Dos alas poseía esta esfera, dos hermosas alas argénteas
siempre prontas ante la llegada del dios y que entonces
por sobre las tinieblas elevaron sus plumas inmensas,
una por una, hasta que todas estuvieron desplegadas
mientras aún el deslumbrante globo se mantenía eclipsado,
aguardando la orden de Hiperión. Y con gusto la habría dado,
con gusto se habría sentado en su trono y habría ordenado
al día comenzar, de no ser porque no se sentía capaz.
Mas no: aunque fuese un dios de los tiempos antiguos,
las sagradas estaciones no podían ser perturbadas,
razón por la cual las operaciones del amanecer
permanecieron en su nacimiento, tal como aquí se narra.
Las alas plateadas se extendieron conjuntamente,
ansiosas por recorrer su órbita; los amplios pórticos
se abrieron sobre los lóbregos dominios de la noche;
y el brillante titán, atormentado por nuevas aflicciones
y no pudiendo resistir ya más, inclinó, aunque nada habituado
a inclinarse, su espíritu ante la tristeza del momento
y, sobre un lúgubre lecho de negras nubes extendido
entre los difusos límites que separan al día de la noche,
se dejó caer lleno de angustia y con herido resplandor.

Mientras allí yacía, el cielo con todas sus estrellas
se inclinó para contemplarlo con piedad, y la voz
de Coelus[8], brotando del espacio universal,
así susurró suave y solemnemente en sus oídos:
«¡Oh, tú, el más brillante de mis amados hijos,
engendrado por el Cielo y alumbrado por la Tierra,
nacido de Misterios desconocidos aun para los poderes
que se unieron para crearte, Misterios cuyas alegrías,
dulces palpitaciones y muelles placeres
yo, Coelus, me pregunto de dónde surgieron y cómo,
así como qué son estas formas que dieron como fruto,
figuras nítidas y palpables, símbolos divinos,
manifestaciones de esa maravillosa vida
que, invisible, se difunde a través del espacio eterno
y una de las cuales eres tú, oh, brillante criatura,
como también lo son tus hermanos y las diosas!
Soy testigo de una triste enemistad entre vosotros,
y de la rebelión de un hijo contra su padre. ¡Yo lo vi caer!
¡Yo vi a mi primogénito ser arrojado de su trono!
¡Hacia mí se extendieron sus brazos; hacia mí su voz
se abrió paso por entre los truenos que lo hacían prisionero!
Palideció mi semblante y entre vapores oculté mi rostro.
¿También a ti te aguarda ruina semejante? Abrigo tal temor,
pues he visto a mis hijos dejar de comportarse como dioses.
Divinos fuisteis creados, y divinos en vuestros taciturnos
temperamentos, solemnes, imperturbables, serenos,
como mayestáticos dioses habéis vivido y gobernado;
mas ahora advierto en vosotros el miedo, la ira y la esperanza,
y acciones de pasión y de rabia, tal como no es raro
descubrir, al dirigir los ojos hacia el bajo mundo mortal,
en aquellos que mueren. Ese es el problema, ¡oh, hijo!,
triste presagio de ruina, de súbito abatimiento y de caída.
Mas te conmino a que luches, puesto que eres capaz,
puesto que puedes trasladarte libremente, como un dios,
y que a cada hora de calamidad puedes oponer
tu etérea presencia. Yo no soy más que una voz;
mi vida no es sino la vida de vientos y mareas,
y no más que vientos y mareas puedo yo ofrecer;
pero tú puedes más. Ponte cuanto antes, pues, al frente
de la situación; sí, apodérate de la punta de la flecha
antes de que murmure la tensa cuerda. ¡Marcha a la Tierra!
Pues allí encontrarás a Saturno envuelto en la desgracia.
Mientras tanto, yo mantendré vigilia sobre tu luminoso reino
y de tus estaciones y menesteres me encargaré con esmero».

---

[8] Coelus o Caelus era el dios romano del cielo, padre de los titanes y equivalente al Urano
de los griegos.

Antes de que la mitad de este susurro hubiese descendido,
Hiperión se incorporó, elevó en dirección a las estrellas
sus curvos párpados, y abiertos los mantuvo hasta que la voz
hubo terminado; y aún entonces los mantuvo abiertos,
y aún ellas eran las mismas brillantes y pacientes estrellas.
Entonces, con una lenta inclinación de su vigoroso pecho,
como un nadador que desafía a los perlados mares,
se adelantó al borde mismo de la costa aérea
y se zambulló silenciosamente en las nocturnas profundidades.

Libro II

Exactamente durante el mismo batir de las alas del Tiempo
en el cual Hiperión se sumergía en el agitado éter,
Saturno y Teia arribaban por fin al melancólico lugar
en el que Cibeles[9] y los abatidos titanes gemían.
Se trataba de una caverna en la cual ninguna luz
podía brillar insultantemente sobre sus lágrimas
y donde podían sentir sus gemidos mas no oírlos,
pues un rugido de atronadoras cascadas y broncos torrentes
los ahogaban al verter un caudal constante en la incierta oscuridad.
Peñascos que sobresalían por encima de otros peñascos
y rocas que parecían estar despertando de un sueño
elevaban, frente a frente, sus monstruosos cuernos,
y así, labrando un millar de megalíticas fantasías,
formaban un apropiado techo para ese nido de aflicciones.
Duros pedernales en lugar de tronos les ofrecían asiento,
triclinios de áspera piedra y sitiales de rugosa pizarra
endurecida con hierro. No todos estaban allí reunidos:
algunos permanecían encadenados en la tortura;
otros vagaban lejos. Ceo, Gíes, Briareo,
Tifón, Dolor y Porfirión, junto a muchos otros,[10]
los más fornidos y vigorosos en la guerra,
habían sido confinados a regiones de laborioso aliento,
aprisionados en opaco elemento, para que allí mantuviesen
apretados sus apretados dientes, con sus miembros
encerrados como vetas de metal, encadenados y encepados,
sin movimiento alguno, excepto por el de sus corazones
latiendo en agonía y horriblemente convulsionados
por una ardiente y febril vorágine de pulso sanguíneo.
Mnemósine[11] erraba por los confines del mundo;
lejos de su esfera lunar había vagado Febe[12];
y muchos más deambulaban en completa libertad,
pero la gran mayoría tenía aquí su triste refugio.
Apenas imágenes de vida, uno aquí, otro allí,
vastos yacían, como un tétrico anfiteatro
de piedras druídicas en un páramo olvidado
cuando la fría lluvia se desata al declinar del ocaso,
en el sombrío noviembre, y la bóveda de ese templo,
el cielo mismo, permanece cubierta toda la noche.
Todos se mantenían velados, sin dirigir a su vecino
palabra, mirada o muestra de aflicción algunas.

---

[9] Cibeles, la Magna Mater, era la diosa frigia de la tierra. Se la solía asociar con Rea.

[10] Ceo era el titán de la inteligencia; Gíes y Briareo eran dos de los hecatónquiros, gigantes de cien brazos; y Tifón, Dolor y Porfirión eran gigantes asociados a diversas fuerzas naturales.

[11] La titánide Mnemósine, diosa de la memoria, era la madre de las nueve musas.

[12] Titánide esposa de Ceo, asociada a la luna al igual que su nieta Ártemis.

Crío[13] era uno; su pesada maza de hierro yacía a su lado,
y un montón de fragmentos de roca testimoniaban la rabia
que había precedido a su actual abatimiento de nostalgia.
Jápeto[14] era otro; sujetaba una pantanosa serpiente
por su cuello, con su lengua bífida expulsada de su garganta
por la presión y con toda su desenroscada longitud sin vida,
furioso por la simple razón de que la criatura no fuera capaz
de escupir su veneno en los ojos del conquistador Júpiter.
Los seguía Coto[15], quien yacía prono aunque con el mentón
hacia arriba, su cuerpo retorcido en extrema agonía,
su boca abierta y sus ojos en hórrido movimiento,
pues en la roca había incrustado violentamente su cráneo.
Junto a ellos estaba Asia, nacida del enorme Caf,[16]
la cual le costó a su madre Tellus más agudos dolores,
aunque fémina, que ninguno de sus restantes vástagos;
no era congoja lo único discernible en su sombrío rostro,
pues su mente estaba profetizando su propia gloria
y en su fértil imaginación comenzaban a surgir
templos rodeados de palmeras y elevados fanos rivales
en las riberas del Oxus o en las islas sagradas del Ganges.
Así como la Esperanza se inclina sobre su báculo,
así se inclinaba ella, aunque no tan hermosa,
sobre un colmillo caído del más enorme de sus elefantes.
Por encima de Asia, desde el incómodo saliente de un risco,
elevado sobre su codo mientras los demás yacían postrados,
caía la sombra de Encélado[17], otrora dócil y apacible
como un buey pastando sosegadamente en las praderas,
ahora rabioso con la pasión del tigre y la mente del león,
quien tramaba, meditaba y hasta fantaseaba estar
ya mismo arrojando montañas en esa segunda guerra,
no tan lejana, que aterraría a los jóvenes dioses
y los obligaría a esconderse en formas de aves y bestias.
No muy lejos de allí se situaba Atlas[18], y a su lado yacía
Forcis[19], el padre de las gorgonas. Vecinos a ellos
se hacían presentes Océano y Tetis, en cuyo regazo
sollozaba Clímene[20] envuelta en sus enmarañados cabellos.

---

[13] Otro de los doce titanes originarios listados por Hesíodo (cfr. *Teogonía*, versos 133 y ss.).

[14] Titán de primera generación, padre de Prometeo, Epimeteo, Atlas y Menecio.

[15] El tercero de los hecatónquiros o centímanos, gigantes hijos de Gaia y Urano.

[16] Caf era el nombre mitológico que los persas daban al Cáucaso como morada de sus divinidades y seres fabulosos. Keats hace a Asia hija de Gaia y de esta región que separa a Asia de Europa.

[17] Otro de los gigantes hijos de Gaia y Urano.

[18] Titán de segunda generación, condenado a cargar el mundo sobre sus hombros.

[19] Forcis era un dios marítimo, hijo de Gaia y de Ponto, y padre de diversos monstruos femeninos como las gorgonas, las grayas, Equidna, Escila, Toosa y, según algunos autores, las sirenas.

[20] Clímene, esposa de Jápeto, era una de las oceánides, hijas de los titanes Océano y Tetis.

En el centro del anfiteatro descansaba Temis[21], a los pies
de la reina Ops[22], que se hallaba velada de la vista de todos:
ninguna forma era distinguible, no más que cuando la lóbrega
noche confunde las copas de los pinos con el cielo nuboso.
Y había muchos otros cuyos nombres no serán mencionados,
pues, cuando las alas de la musa se despliegan hacia el éter,
¿quién puede demorar su vuelo? Y ella debe ahora cantar
sobre Saturno y su guía, que hasta ese sitio habían escalado
ascendiendo húmedas y resbalosas cuestas desde abismos
aún más hórridos. Por encima de un lúgubre precipicio
asomaron sus cabezas, y sus estaturas fueron creciendo
hasta que en el nivel del suelo sus pasos encontraron apoyo;
entonces Teia, extendiendo ampliamente sus trémulos brazos
ante la circular extensión de ese refugio de pesares,
de soslayo clavó su mirada en el rostro de Saturno,
donde pudo leer un funesto combate: el dios supremo
en guerra con todas las fragilidades de la aflicción,
la cólera, el miedo, la ansiedad, la venganza, el rencor,
el remordimiento, la esperanza, pero sobre todo la desesperación.
Contra todas estas plagas luchaba el dios en vano,
pues el Destino había ungido con un óleo mortal su cabeza,
con un corrosivo veneno profanador, de modo que Teia,
aterrada, guardó silencio y lo dejó adentrarse primero
entre los gimientes coros de esa estirpe arrasada.

Así como en nosotros, los mortales, el agobiado corazón
se ve más oprimido y se siente más apesadumbrado
a medida que se acerca lentamente a la casa plañidera
en la que otros corazones padecen las mismas llagas,
así Saturno, mientras caminaba hacia el centro,
desfalleció, y se habría dejado caer junto al resto
si no fuese porque su mirada se cruzó con la de Encélado,
cuya fortaleza y cuyo respeto por él lo golpearon
de inmediato como una inspiración y lo movieron a gritar:
«¡Titanes, he aquí vuestro dios!», a lo cual algunos gimieron,
otros se pusieron de pie, otros gritaron, otros lloraron,
otros sollozaron, y todos se inclinaron con reverencia;
y Ops, elevando repentinamente su negro velo plegado,
dejó ver sus pálidas mejillas, su marchita frente,
sus delgadas cejas negras y sus hundidos ojos.
Se oye un rugido entre las desoladas coníferas
cuando el invierno levanta su voz; y se oye un sonido
entre los inmortales cuando un dios da señal,
con el dedo de silencio, de que se apresta a descargar

---

[21] Titánide que personificaba el orden divino, la justicia y las costumbres.

[22] Ops era la diosa romana que equivalía a la titánide Rea, esposa de Crono y madre de Zeus.

su lengua con todo el peso del pensamiento que no necesita
ser pronunciado, con trueno, con música y con pompa:
tal sonido es similar al rugido de las desoladas coníferas,
el cual, cuando se apaga en este universo montañoso,
no es suplantado por ninguno otro; mas al apagarse aquí,
entre estos caídos, la voz de Saturno comenzó
a crecer como la de un órgano que inicia de nuevo
su melodía mientras las demás armonías, deteniéndose,
dejan al conmovido aire vibrando con argénteos tonos.
Y así creció esta voz: «Ni aun buscando en todo
mi triste pecho, que es su propio gran juez y hurgador,
puedo hallar razón alguna por la cual debáis padecer así;
ni tampoco en las leyendas del primero de los días,
estudiadas del antiguo libro de espirituales páginas
que el estelar Urano, con brillante dedo, salvó
de las costas de la oscuridad cuando las olas
en marea baja aún lo ocultaban en diáfanas tinieblas,
libro que, como bien sabéis, siempre he preservado
como sólido y seguro escabel, ¡ah, débil de mí!
Ni allí, ni tampoco en signo, símbolo o portento
de elemento alguno, tierra, agua, aire o fuego,
ya en guerra, en paz o combatiendo entre sí,
ya uno contra uno, o contra dos o contra tres,
ya cada uno por sí mismo contra los restantes,
como cuando fuego y aire libran guerra mientras diluvios
los ahogan y los aplastan contra el rostro de la tierra,
donde, hallando sulfuro, una cuádruple rabia trastorna
al pobre mundo; ni aun en ese encarnizado combate,
de cuya profunda lectura extraigo prodigiosos saberes,
puedo hallar razón alguna por la cual debáis padecer así.
No: de ningún modo puedo descifrar, por más que busco
y que leo en el pergamino universal de la Naturaleza
hasta el desmayo, por qué vosotros, seres divinos,
primogénitos entre los multiformes y tangibles dioses,
debéis encogeros ante aquello que, en comparación,
es un poder insignificante. Sin embargo, aquí estáis,
abatidos, maltrechos y despreciados... aquí estáis.
¡Oh, titanes! Si digo: "¡Levantaos!", vosotros gemís;
si digo: "¡Encogeos!", vosotros gemís. ¿Qué diré, entonces?
¡Oh, anchuroso Cielo! ¡Oh, amado padre invisible!
¿Qué puedo hacer? Decidme, oh, dioses hermanos,
¿cómo podemos luchar, cómo dirigir nuestra gran ira?
Dad curso ya mismo a vuestro consejo, pues los oídos
de Saturno se encuentran voraces. Tú, Océano,
que cavilas con profundidad, y en cuyo semblante
advierto, con asombro, esa grave satisfacción
que surge de una reflexión sensata: ¡socórrenos!».

Así concluyó Saturno, y entonces el dios de los mares,
sofista y sabio, no merced a los bosquecillos atenienses,
sino a la honda meditación en sus umbrías acuáticas,
se incorporó, con rizos ya secos, y así rompió a decir,
mediante murmullos que su inexperta lengua marina
había aprendido de las lejanas arenas espumosas:
«Oh, vosotros a quienes la rabia consume y que, arrebatados,
os retorcéis en la derrota y atizáis así aún más vuestras agonías:
cerrad ya vuestros oídos, clausurad ya vuestros sentidos,
pues mi voz no será un bramante llamado a la ira.
Mas escuchad aun, cuantos gustéis, mientras os demuestro
cómo, por fuerza, debéis conformaros con aceptar la derrota;
y en dicha demostración mucho consuelo os proporcionaré,
si es que aceptáis el consuelo que siempre ofrece la verdad.
Hemos caído a causa de las leyes de la Naturaleza,
no de la fuerza del trueno o de Júpiter. ¡Oh, gran Saturno!,
tú has cribado muy bien el vasto universo de los átomos;
pero fue por esta misma razón, el que tú fueras rey de todo
y te hallaras cegado por auténtica supremacía,
que quedó nublada a tus ojos una amplia avenida
a través de la cual yo he arribado a una verdad inmutable,
la cual consiste en que, así como tú no has sido el primero
de los poderes, del mismo modo tampoco eres el último:
tal cosa no puede ser, no eres el comienzo ni eres el fin.
Del Caos y de la paternal Oscuridad surgió la luz,
el primero de los frutos de esos ardores internos,
de ese sombrío fermento que para un prodigioso fin
estaba madurando. La hora de la sazón, pues, llegó,
y con ella la luz; y la luz, engendrando entonces
en sus propios progenitores, de inmediato tocó
a toda la enorme masa de materia informe con vida.
En ese mismo instante, nuestros amados padres,
el Cielo y la Tierra, se manifestaron; y entonces tú,
el primogénito, y nosotros, la raza de los gigantes,
nos sorprendimos gobernando nuevos y maravillosos mundos.
Mas ahora llega el dolor de la verdad, para quienes tal cosa
pueda ser dolor, ¡oh, insensatos!, pues enfrentar y soportar
la desnuda verdad y aprehender con calma todas las circunstancias
es la cumbre cimera de la soberanía. ¡Escuchad bien!
Así como el Cielo y la Tierra son mucho más hermosos
que el Caos y la ciega Oscuridad, aunque otrora reyes,
y así como nosotros superamos al Cielo y a la Tierra
en definición y belleza de formas y apostura, en voluntad,
en libertad de acción, en compañerismo, y en otro millar
de signos propios de la vida más pura, del mismo modo
nuestros talones son pisados ahora por una nueva perfección,
por un poder más excelso en todo, poder de nosotros nacido

y destinado a sobrepujarnos de igual manera en que antaño
superamos en gloria a esa antigua Oscuridad; mas no por ello
hemos sido más conquistados que cuanto por nosotros lo ha sido
el dominio del informe Caos. Contestad, ¿acaso combate
el suelo con los orgullosos bosques a los que ha alimentado,
y a los que aún alimenta, más majestuosos y divinos que él?
¿Puede acaso él negar la monarquía de las verdes arboledas?
¿O envidiará alguna vez el quieto árbol a la libre paloma
porque ella puede cantar y porque ostenta nevadas alas
con las cuales volar errante en busca del ansiado gozo?
Nosotros somos como esos árboles, y nuestras bellas ramas
han nutrido no a pálidas y solitarias palomas
sino a águilas de doradas plumas que nos dejan
muy por debajo en su aérea belleza y que deben reinar,
por consiguiente, con todo derecho, pues es ley eterna
que los principales en belleza deben ser los principales en poder;
sí: y, por efecto de esa misma ley, otra raza llevará en el futuro
a nuestros conquistadores a llorar como nosotros lloramos ahora.
¿Habéis visto ya por azar vosotros al joven dios de los mares,
aquel que me desalojó de mi trono? ¿Habéis visto su rostro?
¿Habéis visto su carro, arrastrado sobre las espumas
por nobles criaturas aladas que él mismo ha creado?
Yo lo he visto desplazarse sobre las calmas aguas,
con un aura tan grande de belleza irradiando de sus ojos
que al punto me sentí compelido a despedirme con tristeza
de todo mi imperio: con tristeza entonces de aquel me despedí
y hacia aquí enfilé mis pasos, para ver cómo el doloroso destino
os había tratado a vosotros y estimar cómo mejor podría
ofreceros consuelo en esta hora de extrema tribulación.
Recibid, pues, la verdad, y haced de ella vuestro bálsamo».

Ya fuese por aparente convicción o por mero desdén,
todos guardaron silencio cuando Océano dejó de murmurar,
pues ¿qué otra cosa podía decirse que fuera más profunda?
De modo que nadie respondió nada por un largo tiempo,
hasta que entonces habló una a la que nadie miraba, Clímene;
y sin embargo no respondió, sino que tan sólo se quejó,
con hécticos labios y dóciles ojos mirando hacia arriba,
pronunciándose así tímidamente entre feroces rostros:
«Oh, padre, soy aquí la más simple de las voces,
y todo cuanto sé es que nuestra dicha se ha perdido
y que la congoja se ha introducido en nuestros corazones
para, según temo, permanecer allí por siempre;
no es mi intención vaticinar el mal, ni creo tampoco
que una criatura tan débil pueda desestimar la ayuda
que por justo derecho proviene de los dioses poderosos,
mas dejadme narrar mi tristeza, dejadme narrar

algo que he oído y que al punto me hizo romper en llanto,
así descubrís que de toda esperanza hemos sido ya privados.
Me encontraba cierto día en una costa, una costa agradable
sobre la cual un dulce clima era soplado desde una tierra
pródiga en fragancias, quietud, árboles y flores.
El lugar estaba colmado de tranquila alegría, como yo de pena;
demasiado colmado de alegría y de suave y delicioso calor,
a tal punto que experimenté en mi corazón el impulso
de censurar y reprochar a toda esa inmensa soledad
con canciones de dolor, la música de nuestras aflicciones,
de modo que me senté y, tomando una caracola,
soplé por uno de sus extremos y produje una melodía...
¡oh, ya no más melodía!, pues, mientras soplaba
y con pobre técnica empujaba hacia la brisa el apagado eco
del instrumento, desde una playa llena de flores
situada justo en frente, en una cercana isla del mar,
llegó con el vacilante viento un dulce encantamiento
que a un tiempo anegó y mantuvo vivos mis oídos.
Sin pensarlo arrojé lejos mi caracola, que cayó en la arena,
y una ola la llenó del mismo modo en que mis sentidos
lo estaban con esa nueva y alegre melodía dorada.
Una muerte viviente viajaba en cada ráfaga de sonidos,
en cada familia de veloces y apasionadas notas
que caían, una tras otra y sin embargo todas a la vez,
como perlas de un collar cayendo súbitamente;
y entonces otro compás, y otro más, cada uno
como una paloma que, abandonando su rama
con alas hechas de música en lugar de plumas,
girara sin cesar sobre mi cabeza y me enfermara
a un tiempo de alegría y de pesar. El pesar finalmente
se impuso, y ya estaba yo tapando mis agitados oídos
cuando, venciendo la barrera de mis manos temblorosas,
me llegó una voz, más dulce que canción alguna,
que exclamaba embelesada: "¡Apolo, joven Apolo!
¡Oh, Apolo, brillante como la aurora, joven Apolo!".
Hui de allí, mas la voz me siguió, aún gritando: "¡Apolo!".
¡Oh, padre!, ¡oh, hermanos!, si habéis ahora sentido
los dolores que me acosan, ¡oh, Saturno!, si has sentido,
no llamaréis, a esta lengua acaso tolerada en demasía,
presuntuosa por haberse así atrevido a hacerse oír».

Hasta ahí fluyó su voz, como un tímido arroyuelo
que, demorándose en un lecho de guijarros,
teme llegar al mar; mas al mar sin embargo llegó,
y tembló al hacerlo, pues el atronador vozarrón
del enorme Encélado la envolvió lleno de cólera;
y las imponentes sílabas, como embravecidas olas

rompiendo en las sumergidas honduras de rocosos arrecifes,
llegaron estallando así, mientras aún el gigante sobre su brazo
se reclinaba, sin levantarse a causa de su supremo desprecio:
«¿Escucharemos, entonces, a los ultrasabios,
oh, titánicos dioses, o escucharemos a los ultrasimples?
Ni trueno arrojado sobre trueno hasta que todo
el arsenal del rebelde Júpiter hubiese sido agotado,
ni mundo sobre mundo apilados encima de mis hombros
podrían torturarme más que estos pueriles balbuceos
en medio de destronamiento tan horrible y luctuoso.
¡Hablad, rugid, gritad, aullad, adormilados titanes!
¿Habéis ya olvidado las bofetadas y los viles golpes?
¿No habéis sido azotados por brazos de mancebos?
¿Es que has tú olvidado, fatuo monarca de las olas,
cómo has hervido en los mares? ¿Qué?, ¿he despertado
vuestra rabia con palabras tan simples como estas?
¡Oh, alegría!, pues ahora veo que no estáis perdidos;
¡oh, alegría!, pues ahora veo un millar de ojos abiertos
con inflamada sed de venganza». Al decir esto,
elevó su ciclópea estatura y se irguió sobre todos
para sin interrupción seguir así declamando:
«Ahora sois por fin llamas: yo os diré cómo arder
a fin de purgar el éter de todos vuestros enemigos
y cómo alimentar las tortuosas lanzas de fuego
a fin de chamuscar las henchidas nubes de Júpiter
y sofocar a esa débil esencia en su propia tienda.
¡Oh, hacedle sentir todo el daño que ha causado!,
pues, aunque desprecio la sabiduría de Océano,
siento dolor por mucho más que la pérdida de reinos:
los días de paz y de somnolienta calma han huido,
aquellos días, inocentes de las crueldades de la guerra,
en los que todas las bellas existencias del cielo
se acercaban para escuchar cuanto pudiésemos decir,
antes de que nuestros ceños aprendieran a fruncirse,
cuando nuestros labios no conocían sino solemnes sonidos,
y antes de que imagináramos que esa criatura alada,
la Victoria[23], pudiese perderse, o el poder ganarse.
Y no olvidéis tampoco que el dorado Hiperión,
nuestro brillante hermano, no ha caído aún en desgracia:
¡Hiperión, contemplad, aquí llega su resplandor!».
Todos los ojos se posaban sobre el rostro de Encélado,
de modo que pudieron ver, mientras el nombre de Hiperión
aún viajaba de sus labios hacia las bóvedas rocosas,
cómo un tenue destello surcaba sus facciones adustas,
no ya salvajes, pues con alivio había visto a muchos dioses

---

[23] Victoria entre los romanos y Niké entre los griegos, que la asociaban a veces con Atenea.

tan enfurecidos como él. Desde lo alto los miró a todos,
y en cada semblante percibió un destello de luz,
pero el más espléndido lo vio en Saturno, cuyos rizos canosos
brillaban como la burbujeante espuma cortada por una quilla
cuando la proa navega hacia una ensenada nocturna.
En un silencio pálido y plateado permanecieron todos
hasta que súbitamente un resplandor, similar al del alba,
invadió la lobreguez de todas las escarpadas pendientes
y de todos esos melancólicos rincones de olvido;
y cada vieja sima, cada inmemorial abismo,
cada sombría altura, cada tétrica profundidad
ya muda o bronca con ruidosos arroyos torturados,
cada una de las constantes y perennes cataratas
y cada uno de los veloces torrentes cercanos y lejanos,
que hasta entonces permanecían bajo un manto de tinieblas
y de sombra, vieron de pronto la luz y revelaron sus horrores.
Había llegado Hiperión; con sus brillantes plantas holló
un pico de granito y allí se quedó para observar
toda la miseria que su luminosidad había traicionado
al abominable trance de contemplarse a sí misma.
Dorados eran sus cabellos de cortos rizos numídicos[24]
y regia era su majestuosa figura, una vasta sombra
en el centro de su propio brillo, como la silueta
de la estatua de Memnón recortada contra la puesta del sol
para aquel que peregrina desde el crepuscular este;[25]
suspiros también, tan plañideros como los del arpa
de Memnón, dejaba escapar, mientras apretaba
sus manos, contemplativo, y permanecía en silencio.
El desánimo ganó nuevamente a los dioses caídos
a la vista del cabizbajo y abatido rey del día,
y muchos ocultaron sus rostros de la luz;
pero el feroz Encélado clavó sus fieros ojos
en sus hermanos, y, ante el destello de sus pupilas,
de pronto se irguió Jápeto, y Crío también, y Forcis,
nacido de los mares, y juntos avanzaron
hacia donde él se erguía eminente como una torre.
Allí los cuatro gritaron el nombre del anciano Saturno,
e Hiperión, desde su pico, respondió con fuerza: «¡Saturno!».
Saturno tomó asiento junto a la madre de los dioses,
cuyo rostro no reflejaba dicha alguna, y todos los dioses
corearon con sus gargantas el gran grito de: «¡Saturno!».

---

[24] Numidia fue un antiguo reino del norte africano, dentro del territorio de la actual Argelia.

[25] Memnón, que murió enfrentando a Aquiles durante la guerra de Troya, fue un legendario rey etíope hijo de Titono y de Eos, la aurora, quien a su vez era una titánide de segunda generación nacida de Teia e Hiperión. Menciona Pausanias (*Descripción de Grecia*, I, 41, 3) la existencia en Tebas de una derruida estatua de Memnón que al alba producía un sonido similar al de un arpa.

Libro III

Así, alternando clamores con taciturna quietud,
completamente aturdidos se hallaban los titanes.
¡Oh, déjalos, musa!, déjalos entregados a sus congojas,
pues eres demasiado débil para cantar tumultos tan funestos:
una tristeza soportada en soledad se adapta mejor a tus labios,
así como entonar himnos y antífonas a las penas solitarias.
¡Déjalos, oh, musa!, pues de inmediato podrás encontrar
a más de una caída divinidad de los tiempos antiguos
vagando en vano a través de tristes desolaciones.
Mientras tanto, toca devotamente el arpa délfica
y ni un solo viento del cielo dejará de arrancar
en tu ayuda suaves trinos de la flauta dórica,
puesto que, ¡mira!, aquí llega el padre de todo verso.
¡Que se sonroje todo aquello que tenga un tinte bermellón;
que la rosa brille intensamente y temple el aire,
y que las nubes de la aurora y del ocaso floten
en voluptuosos vellones sobre las colinas;
que el vino tinto hierva en el cáliz como una fuente termal;
que las caracolas en las arenas o en las profundidades
se tiñan de bermellón a lo largo de todos sus laberintos;
y que las doncellas se ruboricen intensamente
como al ser sorprendidas por un cálido beso!
¡Tú, isla principal de las enramadas Cícladas,
regocíjate, oh, Delos, con tus verdes olivos,
tus álamos, tus umbrosas palmeras, tus hayas
a través de las cuales el céfiro entona sonoras melodías
y tus profusos avellanos que crecen bajo la sombra,
pues Apolo es una vez más el dorado tema de un canto!
¿Dónde estaba él cuando el titán del sol se erguía
brillante en medio de la tristeza de sus semejantes?
Acababa de dejar a su hermosa madre
y a su hermana melliza durmiendo en sus alcobas,[26]
y en el crepúsculo matinal había salido a vagar,
por entre las mimbreras que flanquean los arroyuelos,
hundiendo sus tobillos entre los lirios del valle.
El ruiseñor había ya callado, y unas pocas estrellas
se demoraban aún en el firmamento mientras el tordo
iniciaba su calmo canto. En toda la extensión de la isla
no podía hallarse ni refugio ni retirada caverna
libres del ruidoso murmullo de las monótonas olas,
si bien a algunos rincones verdes apenas llegaba del todo.
Apolo escuchó y lloró, y sus brillantes lágrimas
se deslizaron por el dorado arco que sostenían sus manos.

---

[26] Apolo era hijo de Leto, quien a su vez era hija de los titanes Ceo y Febe. Su hermana melliza era la cazadora Ártemis.

Así, con sus ojos entrecerrados y anegados, permanecía
cuando, tras atravesar unas cercanas ramas rebeldes,
con solemne paso apareció una majestuosa diosa
que se quedó contemplándolo con mirada significativa,
lo cual con ávidas suposiciones él comenzó a examinar
perplejo mientras así rompía a hablar melodiosamente:
«¿Cómo has llegado hasta aquí a través del mar nunca hollado?
¿O es que acaso ese augusto semblante y esa vestida figura
se han movido invisibles en estos valles hasta ahora?
Estoy seguro de que he oído antes a esas vestiduras rozar
las hojas caídas mientras me encontraba sentado solo
en medio de la frescura del bosque; estoy seguro
de que he seguido el susurro de esas largas faldas
por las herbosas soledades y de que he visto a las flores
elevar sus cabezas mientras el susurro pasaba a su lado.
¡Diosa!, siento que he contemplado antes de hoy esos ojos
y su eterna calma, que he contemplado antes tu rostro...
o al menos lo he soñado». «Sí —respondió la suprema figura—,
ya has soñado antes conmigo; y, al despertar,
has encontrado con sorpresa una áurea lira a tu lado,
cuyas cuerdas, al ser pulsadas por tus dedos,
el vasto e infatigable oído del universo entero escuchó
experimentando a un tiempo placer y dolor ante el nacimiento
de esas nuevas maravillas melódicas. ¿No es extraño
que estés tú llorando, siendo tan virtuoso? Dime, joven,
¿cuál es la fuente de tus pesares? Pues mucho me entristezco
cuando derramas una lágrima: explica tus desdichas
a una que ha mantenido, en esta isla solitaria,
constante vigilia de tu sueño y de tus horas de vida
desde el temprano día en el que tu mano infantil arrancó
con torpeza las primeras débiles flores hasta que tu brazo
fue capaz de flexionar ese arco legendariamente heroico.
Revela los secretos de tu corazón a un antiguo poder
que ha dejado de lado viejos y sagrados tronos
por las profecías que circulaban sobre ti y por el bien
de tu belleza recién nacida». Entonces Apolo,
con una repentina mirada escudriñadora y brillante,
así respondió, mientras su melodiosa garganta blanca
palpitaba con cada una de las sílabas: «¡Mnemósine!,
tu nombre está en mi lengua, aunque no sé cómo:
¿por qué habría de decirte aquello que tan bien puedes ver?
¿Para qué esforzarme en exponer aquello que de tus labios
surgiría sin misterio alguno? En cuanto a mí, un oscuro,
muy oscuro y doloroso olvido enturbia vilmente mis ojos;
en vano lucho para encontrar la causa de mi tristeza
hasta que la melancolía entumece mis miembros,
y entonces tomo asiento en la hierba y allí sollozo

como alguien que hubiese perdido sus alas. ¡Oh!, ¿por qué
debería sentirme maldito y frustrado cuando este aire sin rey
cede dócilmente ante mi soberano paso? ¿Por qué debería
despreciar a estos verdes campos como indignos de mis pies?
Diosa benigna, muéstrame algún objeto desconocido:
¿acaso no existen más regiones que esta pequeña isla?
¿Qué son las estrellas? ¡Existe el sol, el sol!
¡Y el calmo y paciente brillo de la luna!
¡Y las miríadas de astros! Muéstrame el camino
a cualquier hermosa estrella en particular
y a ella de inmediato volaré con mi lira
para hacer a su plateado resplandor palpitar de gozo.
He oído el trueno de las nubes: ¿dónde está el poder?
¿De quién es la mano, de quién la esencia, la divinidad
que ocasiona ese horrísono clamor en los elementos
mientras yo aquí escucho ociosamente en las costas,
en impávida aunque dolorosa ignorancia?
¡Oh, dime, solitaria diosa, por tu arpa,
que gime en cada aurora y cada ocaso,
dime por qué así debo desvariar en estos bosques!
Muda permaneces, muda; sin embargo, puedo leer
una prodigiosa lección en tu silente rostro,
y esa enorme sabiduría parece hacer de mí un dios.
Nombres, hechos, grises leyendas, terribles eventos,
rebeliones, majestades, voces soberanas, agonías,
creaciones y destrucciones, todo a un tiempo
es vertido en los amplios espacios de mi cerebro
y me diviniza, cual si hubiese apurado hasta las heces
un fuerte vino o un prodigioso e inigualable elíxir
capaz de volverme inmortal». Así habló Apolo
mientras sus luminosos ojos, enfrentados al nivel
de los de la diosa bajo sus tersas sienes blancas,
se estremecían firmemente con luz sobre Mnemósine.
De pronto, salvajes convulsiones lo sacudieron,
ruborizando toda la inmortal belleza de sus miembros;
su lucha semejaba un combate a las puertas de la muerte,
o más aún recordaba a cuando un difunto debe despedirse
de la pálida muerte inmortal y, con una agónica punzada
tan ardiente como fría es la de la muerte, con feroz tremor
muere hacia la vida: así era atormentado el joven Apolo,
mientras sus cabellos, sus célebres trenzas doradas,
no cesaban de ondular sobre su convulso cuello.
Durante esas dolorosas agonías, Mnemósine elevó
sus brazos como alguien que profetiza. Finalmente,
Apolo aulló... ¡Y contemplad!, de todos sus miembros
amaneció una gloria celestial: ¡él era ahora un dios!

La caída de Hiperión

Los fanáticos tienen sueños con los que urden
los paraísos de sus sectas; el salvaje, también,
desde el más alto pináculo de su vuelo onírico
vislumbra el Cielo; es una lástima que nunca
tracen sobre vitela o rústico papiro indio
las sombras de un discurso melodioso
y que sin laureles vivan, sueñen y mueran;
pues sólo la Poesía puede narrar sus sueños
y, mediante el encanto de bellas palabras,
a la imaginación salvar del mudo hechizo
y del negro sortilegio. ¿Quién que viva puede decir:
«No narres tus sueños si no eres un poeta»?,
pues todo hombre cuya alma no sea una roca
tiene visiones y hablará, si es que ha amado
y en su lengua nativa ha sido bien nutrido.
Si el sueño que ahora me propongo ensayar
es el de un poeta o el de un fanático se sabrá
cuando en la tumba descanse mi laboriosa mano.

Soñé que me hallaba en un lugar donde árboles
de todos los climas, palmeras, mirtos, robles, hayas,
sicomoros, plátanos y laureles, formaban un anfiteatro,
en la cercanía de fuentes, a juzgar por el sonido
que bañaba suavemente mis oídos, y, a juzgar
por la sutil fragancia, no muy lejos de rosales.
Girando, vi una glorieta con un techo colgante
de vides emparradas, campanillas y grandes flores
que como incensarios se balanceaban en el aire;
ante su enguirnaldada entrada, sobre un montículo
de musgo, ofrecíase un banquete de frutos estivales
que, vistos más de cerca, parecían ser los restos
de una comida degustada por un ángel o por Eva,[1]
pues en la hierba yacían diseminadas cáscaras vacías,
racimos de uvas a medio probar y otras sobras,
de dulces aromas, cuyas naturalezas desconocía;
y todavía la abundancia superaba a la que el cuerno
tres veces vaciado podría derramar al homenajear
a Proserpina en su retorno a sus campos nativos,
allí donde mugen blancas novillas.[2] Con un apetito
más voraz que el que jamás hubiese experimentado

---

[1] Cfr. John Milton, *El paraíso perdido*, V, 298 y ss.

[2] Nueva alusión a la cornucopia de Ceres y al mito del rapto de Proserpina, su hija.

creciendo en mi interior, comí deliciosamente,
tras lo cual la sed me invadió, pues allí cerca
había una fresca crátera de jugo transparente,
sorbido por abejas errabundas, de la cual,
brindando por todos los mortales del mundo
y por todos los muertos cuyos nombres acuden
a nuestros labios, bebí. Ese generoso trago
es la fuente de mi tema. Ni amapola asiática,
ni refinado elíxir del celoso y declinante califato,
ni veneno preparado en austera celda monástica
para reducir el cónclave escarlata de ancianos
podrían haberme arrebatado la vida de ese modo.
Entre las fragantes cáscaras y las bayas aplastadas,
sobre la verde hierba, me debatí violentamente
contra la dominante poción, pero en vano:
el neblinoso desmayo sobrevino y me hundí
en el sueño como un sileno en un vaso antiguo.
Sería difícil decir por cuánto tiempo dormí.
Cuando por fin recuperé el sentido, me levanté
como si tuviera alas; pero los bellos árboles,
el montículo de musgo y la glorieta ya no estaban:
a mi alrededor pude observar los tallados muros
de un antiguo santuario de augusto techo,
tan alto que parecía que las nubes podrían pasar
por debajo como ante las estrellas del firmamento.
La edificación era tan antigua que no recordaba
nada igual en el mundo: todo cuanto había visto
de grises catedrales, contrafuertes, derruidas torres,
ancianas ruinas de míticos reinos desaparecidos
o rocas naturales erosionadas por vientos y olas
no eran más que remedos de la decrepitud
ante ese monumento de bóvedas eternas.
Sobre el mármol a mis pies se amontonaba
gran cantidad de extraños recipientes y de tapicerías
que o bien estaban tejidas con amianto teñido
o en ese sitio no podían ser corrompidas por polillas,
tan blanco era el lino y tan nítidas en algunas
se destacaban las imágenes de oscuros bordados.
Todo yacía mezclado en un confuso montón,
túnicas, pinzas de oro, incensarios, braseros,
cinturones, cadenillas y adornos sagrados.
Apartando mis ojos con asombro, una vez más
los elevé para escudriñar el espacio circundante:
el techo tallado, las vastas y silenciosas hileras
de columnas al norte y al sur que se perdían
en la nada, y las negras puertas que, al este,
permanecían cerradas a la aurora para siempre.

Entonces miré hacia el oeste y divisé a lo lejos
una imagen, de aspecto tan grande como una nube,
al nivel de cuyos pies descansaba un altar sagrado
al que podía llegarse desde cualquiera de sus lados
mediante escaleras, balaustradas de mármol y paciencia
para contar con esfuerzo los innumerables peldaños.
Con sobrios pasos me dirigí entonces hacia el altar,
refrenando la prisa, acaso sacrílega en ese sitio,
y, al aproximarme, pude ver junto al sagrario
a alguien oficiando mientras una llama se encendía.
Cuando en mayo el malsano viento del este
cambia súbitamente al sur, las cálidas lloviznas
derriten el helado incienso de todas las flores
y colman el aire con tan placentera salud
que hasta el moribundo olvida su sudario;
del mismo modo, ese elevado fuego de sacrificio,
que despedía incienso de Maia[3], infundía alrededor
olvido de todo salvo de la dicha y velaba
el altar tras las neblinas de un diáfano humo
a través de cuyas fragantes cortinas pude oír
lenguaje pronunciado: «Si no logras ascender
estos peldaños, muere en ese mármol que pisas.
Tu carne, prima hermana del polvo más vulgar,
se secará por falta de alimento, y tus huesos
en pocos años se marchitarán y desaparecerán
de tal modo que ni el ojo más agudo descubrirá
un grano de tu existencia sobre ese frío pavimento.
Las arenas de tu vida encontrarán su hora postrera,
y ninguna mano en todo el universo podrá dar vuelta
el reloj de arena, si estas hojas resinosas se queman
antes de que puedas ascender esta inmortal escalera».
Escuché y miré, y a un mismo tiempo los dos sentidos,
tan finos, tan sutiles, asimilaron todo el despotismo
de esa feroz amenaza y de la dura tarea propuesta.
Se me figuraba un esfuerzo prodigioso: las hojas
ardían ya cuando, repentinamente, una fría parálisis
invadió mis miembros desde el marmóreo pavimento
y ascendió velozmente para poner su gélida garra
sobre esas corrientes que laten junto a la garganta.
Grité, y la cruda angustia de mi alarido aturdió
mis propios oídos; luché con fuerza para escapar
de la rigidez y alcanzar siquiera el primer peldaño.
Lentos, pesados, agónicos eran mis pasos: el frío
se hacía cada vez más asfixiante en mi corazón
y al cerrar mis puños no podía sentir mis manos.

---

[3] Los romanos asociaban a Maia (en cuyo honor nombraron al mes de mayo) con la primavera.

Ya al borde de la muerte, mi helado pie holló
el peldaño más bajo, y, al hollarlo, la vida penetró
nuevamente a través de sus dedos: ascendí entonces
como otrora los ángeles en una escalera lo hicieran
de la verde hierba al alto Cielo.[4] «¡Sagrado poder!
—exclamé, acercándome a los cuernos del altar—,
¿qué soy que debo ser de la muerte así salvado?
¿Qué soy que no viene una nueva muerte ahora
a ahogar mis palabras, sacrílegas en este lugar?».
Entonces dijo la velada sombra: «Has sentido
lo que es morir y lo que es vivir nuevamente
antes de tu hora señalada; el que hayas podido
hacer algo así es tu propia seguridad: has aplazado
el día de tu muerte». «Suma profetisa —dije entonces—,
aparta benigna, si así te place, el velo de mi mente».
«Nadie puede usurpar esta altura —respondió la sombra—
salvo aquellos para quienes las miserias del mundo
son miseria, y que por lo tanto no podrán descansar.
Todos los que encuentran un abrigo en la Tierra,
en el cual pueden pasar durmiendo con descuido sus días,
si por azar a este templo sagrado llegan se pudren
sobre el pavimento en el que tú te pudriste a medias».
«Pero ¿no hay muchos en el mundo —pregunté,
animado por la apacible voz de la sombra—
que aman a su prójimo incluso hasta la muerte,
que sienten la aplastante agonía del mundo,
y aún más que, como esclavos de la pobre humanidad,
trabajan afanosamente por el bienestar mortal?
Sin duda debería ver a otros aquí, pero estoy solo».
«Esos de los que hablas no son visionarios
—contestó la voz—, no son frágiles soñadores;
ellos no buscan otra maravilla más que el rostro humano,
no buscan otra música más que una voz alegre.
Ellos no vienen aquí, ni han pensado jamás en venir;
y tú estás en este lugar porque eres menos que ellos.
¿Qué beneficios puedes darle tú, o toda tu tribu,
al vasto mundo? Eres una criatura soñadora,
una fiebre por ti mismo. Piensa en la Tierra:
¿qué alegría, aun en la esperanza, hay allí para ti?,
¿qué abrigo? Toda criatura tiene su hogar;
todo individuo tiene días de alegría y de dolor,
sean sus trabajos sublimes o bajos, el dolor solo,
la alegría sola, distintos; únicamente el soñador
envenena todos, todos sus días y obtiene así
más castigo que el que sus pecados merecen.

---

[4] Alusión a la escalera de Jacob, por la que transitaban los ángeles (cfr. Génesis, 28, 12).

Por ello, para que la felicidad sea un poco repartida,
seres tales como tú son a menudo admitidos
en jardines semejantes al que pasaste hace un instante
y aceptados luego en estos templos. Y es por esa causa
que estás ahora a salvo bajo las rodillas de esta estatua».
«Por ser así favorecido merced a mi falta de mérito,
y obtener la medicina de tan benévolo discurso
por una enfermedad nada innoble, mucho me alegro,
sí, y hasta podría llorar de gratitud ante tales premios
—respondí yo, tras lo cual añadí—: Majestuosa sombra,
dime algo, si así te place: bien sé que no todas
esas melodías entonadas en los oídos del mundo
son inútiles; bien sé que el poeta es un sabio,
un humanista, un médico para toda la humanidad,
mas siento que no soy nada de eso, así como los buitres
sienten que no son aves cuando las águilas sobrevuelan.
¿Qué soy, entonces? Has hablado antes de mi tribu:
¿qué tribu?». La sombra velada tras blancas telas
dijo entonces, con tanta seriedad que su aliento
agitó las vaporosas gasas que caían en torno
al incensario de oro que de su mano colgaba:
«¿Acaso no perteneces a la tribu de los soñadores?
El poeta y el soñador son dos sujetos distintos,
diferentes, opuestos irreconciliables, antípodas.
El primero derrama un bálsamo sobre el mundo;
el segundo lo tortura». De inmediato grité yo,
a pesar de mí mismo y preso de una ira pitia:
«¡Ah, olvidado Apolo, Apolo desaparecido!,
¿dónde está tu brumosa pestilencia para reptar,
a través de rendijas y puertas, en las moradas
de todos los falsos líricos, autoaduladores
y zafios bravucones de versos petulantes?
Aunque junto a ellos respire yo la muerte,
vida será para mí verlos despeñarse en sus sepulcros.
Majestuosa sombra, ten a bien decirme dónde estoy,
de quién es este altar, por quién arde ese incienso,
qué imagen es esta cuyo rostro no alcanzo a ver
puesto que se me oculta tras sus marmóreas rodillas,
y quién eres tú, de acento femenino tan cortés».
Entonces la sombra velada tras blancas telas
respondió, con tanta seriedad que su aliento
agitó las vaporosas gasas que caían en torno
al incensario de oro que de su mano colgaba,
y con una voz por la que supe que derramaba
lágrimas largamente atesoradas: «Sólo este templo,
triste y solitario, se ha salvado del trueno de una guerra
librada antaño por una estirpe de gigantes

contra una gran rebelión; esta derruida imagen,
cuyos esculpidos rasgos se ajaron mientras caía,
es la de Saturno; y yo, Moneta[5], soy quien quedó
como única y suprema sacerdotisa de esta desolación».
No encontré palabras para responder, pues mi lengua,
impotente, no pudo hallar en su abovedado recinto
sílaba alguna de adecuada magnificencia
para corresponder al doliente plañido de la diosa.
Se hizo un silencio, mientras la llama del altar
se extinguía por falta de alimento: miré allí,
y luego al enlosado suelo, donde no muy lejos
se apilaban haces de canela y varios montones
de otras especias secas; entonces nuevamente
miré el altar, con sus cuernos blanqueados
por las cenizas y su llama moribunda,
y luego nuevamente a las ofrendas, y así
por turnos hasta que la triste Moneta dijo:
«El sacrificio está terminado, no obstante lo cual
seré obsequiosa contigo por tu buena voluntad.
Mi poder, que para mí constituye una maldición,
será para ti un prodigio: las escenas que aún
fluctúan vívidas en mis lóbulos cerebrales serán,
mediante un eléctrico intercambio de miseria,
contempladas por tus febles ojos mortales
sin dolor alguno, si es que la maravilla no te duele».
Tanto como las aladas palabras de una inmortal
pueden suavizarse hasta semejar las de una madre,
así sonaron aquellas, y sin embargo aún me aterraba
su túnica, y sobre todo los velos que de su frente
pendían pálidos y que la envolvían en misterios
que oprimían mi corazón hasta despojarlo de sangre.
La diosa percibió esto y, con su mano sagrada,
apartó los velos; entonces pude ver un lánguido rostro,
no consumido por dolores humanos, sino blanquecino
por una dolencia inmortal que no mata pero obra
un constante cambio al que una bienvenida muerte
no puede poner fin, un rostro que avanzaba en lenta
agonía hacia ninguna muerte; ya había superado
al lirio y a las nieves, y más allá de tales cosas
no debería osar pensar, aun cuando contemplé ese rostro
del que de no ser por sus ojos debería haber huido.
Estos me retuvieron, con su benigna luminosidad
suavemente mitigada por los divinos párpados
entrecerrados y con su aparente ceguera absoluta

---

[5] Moneta era uno de los epítetos de la titánide Mnemósine, el cual aludía a su función como instructora de dioses y hombres.

de todo el vasto mundo exterior; no me veían,
sino que blancos resplandecían como la dulce luna
que consuela a aquellos a quienes no ve y que ignora
que hay ojos mirando hacia lo alto. Cual si hubiese
yo encontrado una pepita de oro en una montaña
y, aguijoneado por la avaricia, esforzara mis ojos
en escrutar sus sombrías entrañas preñadas de metal,
así, al ver la frente de la contristada Moneta,
ardí en deseos de ver qué cosas su hondo cerebro
guardaría en su interior, qué sublime tragedia,
desarrollada en las oscuras cámaras secretas
de su cráneo, podría infundir tan horrenda tensión
a sus fríos labios, henchir con semejante luz
sus ojos planetarios y tocar su quebrada voz
con tanta aflicción. «¡Sombra de la memoria!
—exclamé, echándome respctuoso a sus pies—,
¡por toda la oscuridad que rodea a tu casa caída,
por la Edad de Oro, por este último templo,
por el gran Apolo, tu amado hijo adoptivo,
y por tú misma, olvidada divinidad,
pálida omega de una raza marchita,
permíteme contemplar, tal como has dicho,
aquello que en tu atribulado cerebro se agita!».
No bien este suplicante conjuro hubo atravesado
mis devotos labios, nos encontramos lado a lado
(como una zarza enana junto a un soberbio pino)
profundo en la umbrosa tristeza de un valle
cobijado lejos del saludable aliento de la mañana,
lejos del ardiente mediodía y del primer astro vespertino.
Hacia delante miré, bajo las sombrías ramas,
y vi lo que al principio tomé por una enorme estatua,
similar a la imagen que se erguía sobre el pedestal
en el templo de Saturno. Entonces la voz de Moneta
visitó brevemente mis oídos: «Así yacía Saturno
tras perder todos sus reinos», a lo cual comenzó
a crecer en mí un poder de indescriptible alcance
para ver como ven los dioses y percibir lo profundo
de las cosas con la misma destreza con la que el ojo
puede captar tamaño y forma. El noble y vasto tema
desplegó ante mi mente, tras aquellas pocas palabras,
toda su trama desenmarañada. Asumí entonces
la perspectiva de un águila a fin de poder ver
y, al ver, nunca olvidar. Ni un soplo de vida
se movía en ese valle oculto, ni tanto aire
como el que, en un caluroso día de verano,
no roba ni una liviana semilla del abundante pasto,
sino que, donde la hoja muerta cae, allí queda.

Un arroyo corría mudo a un lado, más amortiguado aún
a causa de que la caída divinidad sobre sus aguas
una sombra proyectaba: la náyade entre sus cañas
con un frío dedo oprimíase fuertemente los labios.
A lo largo de la arena de las márgenes, grandes huellas
llegaban hasta el sitio en el que los pies de Saturno
habían descansado y en el que desde entonces dormitaba,
¡cuán largo sueño! Frío y abatido, sobre la húmeda tierra
su vieja mano derecha yacía inerte, exánime, muerta,
despojada de su cetro; sus ojos sin reino hallábanse cerrados,
mientras que su inclinada cabeza parecía escuchar a la Tierra,
su anciana madre, en busca de aún algún consuelo.

[...]

ÍNDICE